D1937863

Hans Carossa, geboren am 15. 12. 1878 in Bad Tölz, ist am 12. 9. 1956 in Rittsteig bei Passau gestorben. 25jährig legte er Promotion und medizinisches Staatsexamen ab und übernahm noch im selben Jahr die ärztliche Praxis seines Vaters, um sich bis 1929 als Spezialist für Lungenkrankheiten namentlich der Tuberkulosebekämpfung zu widmen. 1910 erschien auf Empfehlung Hugo von Hofmannsthals im Insel Verlag sein erstes Buch »Gedichte«, dem bis 1956 zwölf weitere Werke folgen, autobiographische Romane, Tagebücher, Gedichte und Erinnerungen. Trotz dieses vorwiegend autobiographisch-persönlichen Charakters seiner Schriften haben Carossas Bücher schon zu Lebzeiten ihres Autors nicht nur im deutschen Sprachgebiet, sondern auch im Ausland, besonders in England und Japan, ein ungewöhnlich nachhaltiges Echo gefunden und sind mittlerweile in alle Kultursprachen übersetzt.

Es gibt in der deutschen Literatur des 20. Jahrhunderts neben Arthur Schnitzler, Alfred Döblin und Gottfried Benn noch manche Dichter, denen es gelungen ist, die Schriftstellerei mit ihrem bürgerlichen Beruf des praktizierenden Arztes zu verbinden. Aber anders als viele seiner Kollegen ist Hans Carossa dabei nicht zum Zyniker geworden. Keinem ist es geglückt, über das Diagnostische hinaus, das Konstruktive und Therapeutische der ärztlichen Tätigkeit mit der Schriftstellerei so nahtlos in Einklang zu bringen wie ihm. Die Bücher Carossas sind uns behilflich – inmitten der Reizüberflutung einer zunehmend zentrifugalen Umwelt –, den Schwerpunkt wiederzufinden. Sie verlagern ihn zurück in die Achse, an die Stelle äußerster Konzentration, in der sich die individuellen Kräfte regenerieren, die uns immun machen gegen Manipulation und Fremdbestimmung.

Am 15. 12. 1978 wäre Hans Carossa 100 Jahre alt geworden. Aus diesem Anlaß legt der Insel Verlag diese Bildbiographie vor, welche anhand der Selbstzeugnisse aus Carossas Büchern die Identität dieses Lebens und Werkes erstmals auch optisch nachvollziehen läßt. In jahrelanger Vorarbeit hat Eva Kampmann-Carossa die Lebensspuren ihres Vaters zusammengetragen und sie uns nun in dieser Bilddokumentation sowie in einer drei Bände umfassenden Edition seiner Briefe zugänglich gemacht. Sie betreut das von ihr aufgebaute umfassende Hans Carossa-Archiv in Rittsteig bei Passau.

insel taschenbuch 348

Carossa

Leben und Werk

Hans Carossa
Leben und Werk
im Bild

Herausgegeben von
Eva Kampmann-Carossa
Insel Verlag

insel taschenbuch 348
Zweite Auflage, 8.–9. Tausend 1982
© Insel Verlag, Frankfurt a. M. 1978
Vertrieb durch den Suhrkamp Taschenbuch Verlag
Umschlag nach Entwürfen von Willy Fleckhaus
Satz: Filmsatz Otto Gutfreund & Sohn, Darmstadt
Druck: Nomos Verlagsgesellschaft, Baden-Baden
Printed in Germany

Inhalt

Kindheit und Jugend
(1878-1897)

1. Karl Carossa (1827-1899)
Landwirt und Photograph, der Großvater Hans Carossas, aus Hartkirchen am Inn, dessen Vater aus Piemont stammte und als Wundarzt im napoleonischen Heer in die Gegend gekommen war.
»... Es waren saturnisch geprägte Gesichter mit eigenwilligen, grüblerisch verschlossenen Mienen; ja manchmal zeigte sich ein unsteter oder verwegener und angriffsbereiter Zug...«
Das Jahr der schönen Täuschungen (II, 320)

2. Karl Carossa (1854-1906)
Carossas Vater im Alter von 15 Jahren.

»... Wie so manche Söhne des Landes war er früh zum Priester bestimmt gewesen, darum trägt er das lange geistliche Schulröckchen; aber die Zweiflerstirn über dem schmalen Gesicht, dazu der abwägende Sucherblick lassen vermuten, daß er es in einigen Jahren ablegen wird...«

Das Jahr der schönen Täuschungen (II, 322)

»... Der junge Mensch war jedoch von Kindheit auf ein leidenschaftlicher Leser gewesen, von einer gewissen Zeit an verlegte er sich auf naturwissenschaftliche und medizinische Schriften und bald hießen die Heiligen, die er sich wählte, Pasteur, Virchow, Helmholtz, Robert Koch...«

3. Maria Voggenreiter (1849-1910)
Carossas Mutter als junge Lehrerin.

»... meine Mutter erzählte mir später oft, es sei an einem herrlichen Wintertag bei klarem Himmel gewesen. Sie gebar mich unter Furcht und Sorge; das Gefühl, daß mein Werden etwas sei, was sie verbergen müsse, scheint nicht ohne Einwirkung auf mich gewesen zu sein; die Neigung mich abzusondern, mich den Blicken der Menschen zu entziehen, scheint von daher zu kommen...«

4. Dr. Johann Voggenreiter
(geb. 1810 in Seestetten als Sohn eines Floßmeisters u. Landmannes, gest. 1894 in München). Königl. Bezirksgerichtsrat in München, der Vater von Carossas Mutter.
»... Der Vater meiner Mutter, der einmal in Augsburg lebte und den ich als 80jährigen noch sah, verwandelt sich in mir langsam zu einer Gestalt, einem Pendant zu jenem Zauberer...«

5. Georg Voggenreiter (1814-1890)
»Lenzenbauer von Seestetten«, der Onkel von Carossas Mutter.
»... seine Photographie zeigte einen Kopf, dessen Gesichtszüge eher an einen Gelehrten oder an einen geistlichen Herrn als an einen Bauern gemahnten...« Der Tag des jungen Arztes (II, 556)

6. Voralpenlandschaft mit Benediktenwand.
»... Das kupferbraune Moor mit aufgestapeltem Torf, Krüppelföhren und fernen Schneestrichen, und hinter allem die hell verhüllten Gebirge ...« Eine Kindheit (II, 15)

7. Bad Tölz mit dem Blomberg (um 1900)

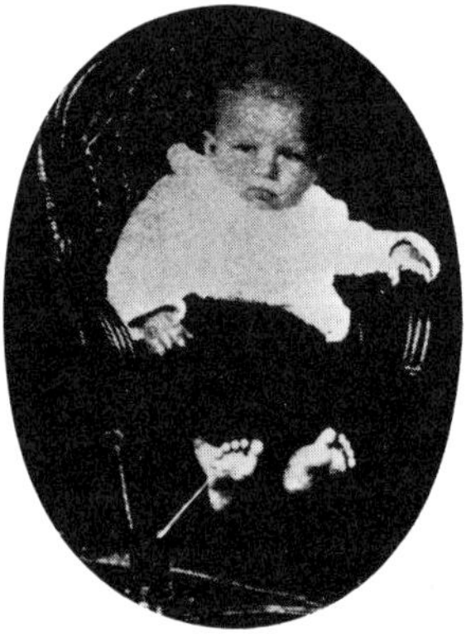

8. Carossa im ersten Lebensjahr

»... An einem Wintersonntag des Jahres 1878 wurde ich zu Tölz in Oberbayern geboren...« Eine Kindheit (II, 7)

9. Carossa vor dem Haus in Königsdorf (um 1938), in dem die Familie von 1883 bis 1886 gewohnt hatte.
»... mein bewußtes Leben begann erst in dem nahen Königsdorf, wo sich mein Vater bald nach meiner Geburt als Arzt niederließ. Wir bewohnten hier sieben Jahre lang ein kleines einstöckiges Haus...« Eine Kindheit (II, 7)

10. Ludwig II., König von Bayern, und seine Braut Sophie.
»... Ludwig der Zweite! Viel später erst wurde mir erkennbar, daß eigentlich er es war, der die ferne Stadt zum großen Geheimnis machte. Wie oft, wenn die Besucher uns verlassen hatten und niemand auf mich acht gab, ging ich langsam auf und ab vor seinem Bilde, das im Schlafzimmer der Eltern den Betten gegenüberhing, erneuerte mir die Geschichten, die man von ihm raunte, und wünschte er zu sein ...«

11. Wintergarten Ludwigs II. um 1870

12. Nächtliche Schlittenfahrt des Königs 1880

»... Von einem Wintergarten hatte ich gehört, der immergrünend auf dem Dache des Palastes lag, von Schlössern, die durch unerhörten Prunk den Sinn der Menschen verrückten, von rasenden Fahrten in goldenen Schlitten durch die Schneenächte der Alpen. Dem Allem sann ich gerne nach, und immer setzte ich mich im Geist an des Königs Stelle ...«

13. Carossa 1887

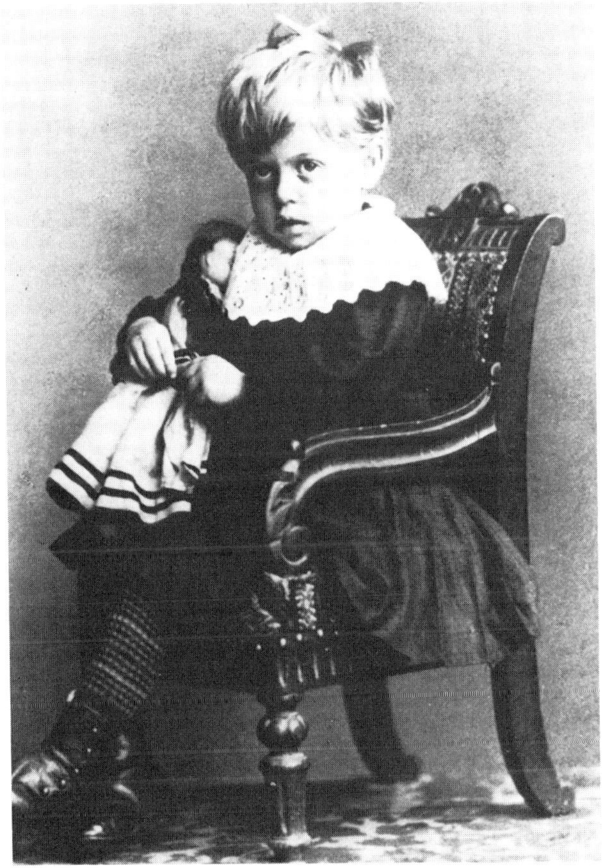

14. Stefanie Carossa (1884-1886)
»... bis ich zum ersten Mal mit Augen sah, wie das Leben den Leib verließ: ein Augenblick verwandelte das wachsbleiche Gesichtchen von der Stirne her in weißen Marmor ...«
Der Tag des jungen Arztes (II, 483)

15. Der Marktplatz von Pilsting um 1890

»... Ein Sommermittag lag über Pilsting, einem niederbayrischen Marktflecken, wo sich mein Vater einige Monate vorher angesiedelt und eine ärztliche Praxis eröffnet hatte, und eben begann das alltägliche Trauergeläute, womit sechs Wochen lang das ganze Land Bayern seinen toten Herrscher feierte, als ich, von irgendeiner Streife her, auf den Gasthof [*am Ende der rechten Häuserzeile*] zuging, dessen ersten Stock wir bewohnten... Einem puren Zufall verdankte ich die Beobachtung, daß junge, kaum haselnußgroße Roßkastanien, auf weißem Grunde zerrieben, nicht etwa ihr zartes Grün, sondern ein wunderschönes Ockerbraun hinterlassen, das

beim Eintrocknen immer kräftiger wird und Haltbarkeit verspricht ... ich schrieb mit aller Kraft aufdrückend, unermüdlich, bis es endlich die ganze weiße Front entlang in Riesenbuchstaben zu lesen war: dieses Gebäude sei von heute an die Residenz und ich der König von Bayern ...« Führung und Geleit (I, 668)

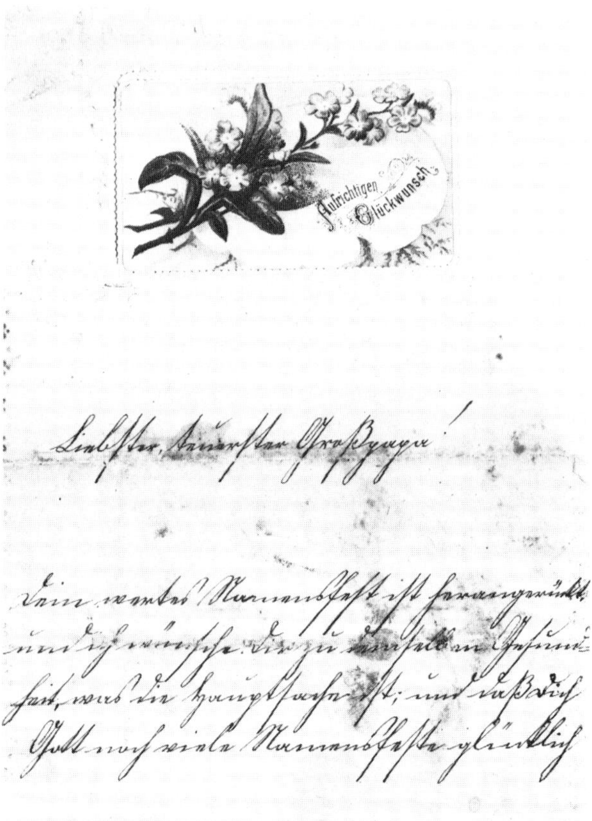

Liebster, theuerster Großpapa!

Dein werthes Namensfest ist herangerückt
und ich wünsche Dir zu demselben Gesund-
heit, was die Hauptsache ist; und daß Dich
Gott noch viele Namensfeste glücklich

16. *Der erste erhaltene Brief Carossas vom Weihnachtstag 1886 (an den Großvater Johann Voggenreiter)*

17. *Die Familie Carossa um 1890 mit der Tochter Stefanie, die 1887 geboren worden war*

18. Maria Carossa, geb. Voggenreiter, etwa 1883.
»... Ihr lag so viel an der Meinung der Menschen; das leiseste Gefühl fremder Feindschaft konnte sie betrüben. Höher aber als die Zuneigung der meisten Lebenden bewertete sie die der Toten; mit ihnen gut zu stehen, schien ihr von jeher jedes Opfer wert...«
Verwandlungen einer Jugend (II, 187)

19. Karl Carossa als junger Arzt (um 1885)

»... Ihm nämlich war das Wirken des Arztes der Inbegriff des reinen Tuns, das wir im größten Sinne nur Künstlern, Dichtern und Naturdämonen zuerkennen. Was immer sonst Menschen schwächt oder fälscht, vermied er, gab sich auch nicht mit Worten aus, sondern hielt schweigsam seine Energien zum Handeln bereit. Körperlich zart und reizbar, vertrug er weder Bier noch Wein und gewährte nie den behaglich zerstreuten Anblick des Rauchers ...«

Verwandlungen einer Jugend (II, 178)

20. Otto Voggenreiter (1846-1883)
königlicher Amtsrichter in Trostberg, ein Bruder
von Carossas Mutter.

»... vor dem zarten, durch einen Vollbart ergänzten Gesicht mit großen hellen Augen hinter scharfen Gläsern schämte man sich seiner eigenen Zerfahrenheit und seines Lebensdrangs...

... er hatte von Jugend auf in freien Stunden griechische und germanische Sagen durchforscht, Oden und Epoden des Jacobus Balde übersetzt...

... So hatte er zahlreiche Züge zusammengetragen, die beweisen sollten, daß die Wanderer Odysseus und Wodan im Grunde eine und dieselbe Person seien, und viel war auch, wie ich merkte, über den Mythos von der Wintersonne hin und her geschrieben worden...« Das Jahr der schönen Täuschungen (II, 328/9)

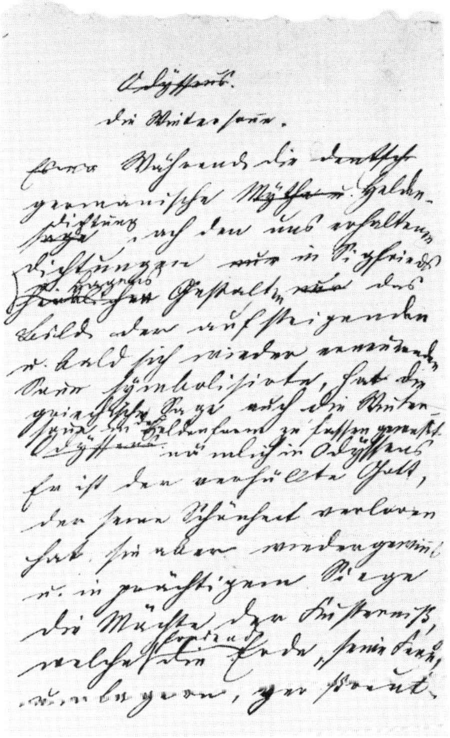

21. *Konzeptblatt aus dem Nachlaß von Otto Voggenreiter*

»... die Gedichte bereiteten mir an Regentagen Spaß genug. Sie wegzuwerfen, entschloß ich mich nie; noch nach Jahren fand ich sie zwischen Bilderbüchern aufbewahrt... Sehr ergötzte mich auch die zierliche altmodische Handschrift, und wenn ich allein war, ahmte ich sie nach, was eigentümlich leicht gelang, als wäre die Hand schon dafür vorbereitet gewesen... die spielerisch angenommene Schreibart wollte sich später nicht mehr ausmerzen lassen; sie wuchs lebendig mit mir weiter, so daß ich sie an meiner Handschrift heute noch erkenne...«

Eine Kindheit (II, 34)

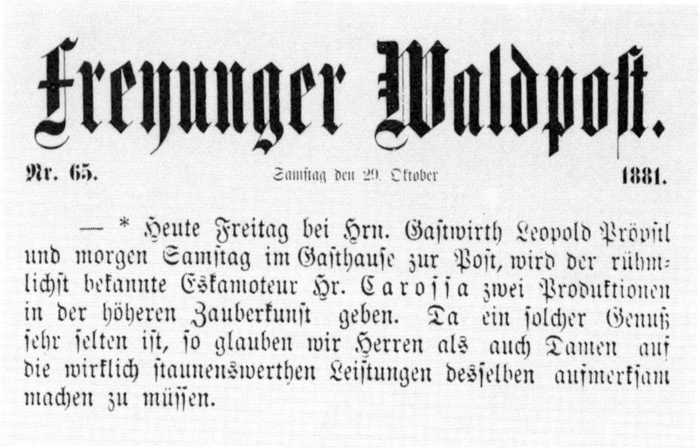

Freyunger Waldpost.

Nr. 65. Samstag den 29. Oktober **1881.**

— * Heute Freitag bei Hrn. Gastwirth Leopold Pröpstl und morgen Samstag im Gasthause zur Post, wird der rühmlichst bekannte Eskamoteur Hr. C a r o s s a zwei Produktionen in der höheren Zauberkunst geben. Da ein solcher Genuß sehr selten ist, so glauben wir Herren als auch Damen auf die wirklich staunenswerthen Leistungen desselben aufmerksam machen zu müssen.

22. *Ankündigung einer Zaubervorstellung von Carossas Großonkel Georg Carossa im Freyunger Tagblatt.*

»... Im Gespräch bei der Lampe aber verjüngte er [*Carossas Vater*] sich und erzählte von seiner Knabenzeit, wo der Onkel Georg noch auf der Höhe seines Könnens gestanden und in allen großen Orten des Rottals und Österreichs öffentliche Vorstellungen gegeben hatte...« Eine Kindheit (II, 59)

23. *Josefine Voggenreiter (1840-1893)*
Die ältere, unverheiratete Schwester der Mutter.
»... wenn sie, im Zimmer auf und ab gehend, von ihrer Jugend erzählte oder in einer Art Sprechgesang Strophen von Lenau und Geibel vortrug, da stand sie in ihrer ganzen Einzigkeit vor mir. Wie konnte sie schwärmen von der großen Welt, in die sie nie hineingelangen sollte, von der Welt des Hofes und der Geistesgrößen! Wie wechselten Bewunderung und Empörung in ihr, wenn sie von Richard Wagner sprach... Ja, Josefine liebte den Glanz...« Das Jahr der schönen Täuschungen (II, 327)

24. Das Landshuter Gymnasium mit dem von Geistlichen geleiteten Internat (um 1900)

»... ich dagegen rückte mit mehreren anderen in die staatliche Erziehungsanstalt ein, die jener Schule angebaut ist... Wer eine Pflanze in anderen Boden umsetzen will, geht behutsam zu Werk... Dagegen, scheint es, läßt sich ein junges Menschengewächs, sofern ihm eine einigermaßen kräftige Seele innewohnt, ohne Gefahr überallhin verpflanzen... die werdende Natur hat unzählige Organe, um auch mageres oder saures Erdreich in zuträgliche Speise zu verwandeln...«
Verwandlungen einer Jugend (II, 117)

25. Landshut mit Burg Trausnitz (um 1900)
»...Landshut, ja, das ist und bleibt für mich die Traumstadt; keine andere Deutschlands oder Italiens könnte mir geheimnisvoller sein...« an Lilli v. Puttkammer 14. Jan. 1943

26. Gruppenaufnahme von Schülern des Landshuter Gymnasiums (um 1892). (Ausschnitt)
Dritter von links in der dritten Reihe von unten: Carossa. Zweiter von rechts in der zweiten Reihe von unten: Hugo Mott (1878-1905) mit dem Carossa im ersten Jahr seiner Landshuter Schulzeit Freundschaft schloß.

27. Hugo Mott (um 1894)

»... [*Hugo*] war so zwergisch klein und verhielt sich in dem allgemeinen Ungestüm so still, daß man ihn übersehen konnte... Das Gesicht war krankhaft weiß, mit ganz wenig Wangenröte, das kurze Haar steil emporgebürstet, die Augen freundlich, aber etwas müde...« »Seines Leidens und seiner Heiterkeit wegen galt er nämlich als ein unberührbares Wesen; auch dem Rohesten kam es nicht in den Sinn, ihm weh zu tun. Außerdem stand er im Ruf der Weisheit, Große wie Kleine suchten seine Freundschaft...«

Verwandlungen einer Jugend (II, 116/19)

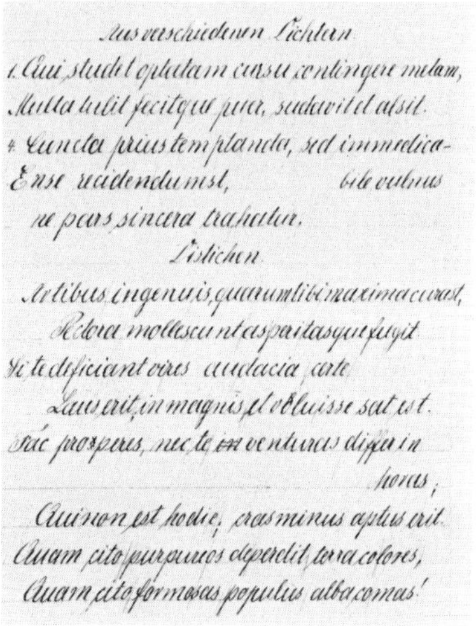

Aus verschiedenen Dichtern
1. Qui studet optatam cursu contingere metam,
Multa tulit fecitque puer, sudavit et alsit.
2. Cuncta prius temptanda, sed immedica-
Ense recidendum est, bile vulnus
ne pars sincera trahatur.
Distichen
Artibus ingenuis, quarum tibi maxima cura est,
Pectora mollescunt asperitasque fugit.
Ut te deficiant vires, audacia certe
Laus erit; in magnis et voluisse sat est.
Fac properes, nec te ~~in~~ venturas differ in
horas;
Qui non est hodie, cras minus aptus erit.
Quam cito purpureos deperdit terra colores,
Quam cito formosas populus alba comas!

28. Aus Carossas Lateinschulheft »Tirocinium poeticum«
(um 1892)

29. Carossa (um 1892)

30. Der Kandidat »Buchkatz« (links),
Präfekt am Internat (ca. 1900), der den fünfzehnjährigen Carossa zu einem falschen Schuldgeständnis trieb.

». . . Treffliche Männer haben ihr Leben darauf verwendet, um die Schule freier zu machen. Aber ihre Aufgabe bleibt, den Menschen für den Staat zu erziehen und dies vermag sie nicht ohne den ursprünglichen Wuchs zu verbiegen. So dumpf und unerfahren ich auch noch meinem Jünglingsalter entgegenlebte, so hatte ich doch für diese Gefahr eine Witterung in mir. Es bildete sich allmählich eine Doppelperson, eine innere, den Forderungen des Lebens abgewandte, und eine äußere, die mit (der Welt) den Lehrern zu verkehren sich gewöhnte . . .«

31. Professor Hans Hilgärtner (1861–1926, rechts) in dessen Haus Carossa während der letzten Schuljahre in Pension gegeben wurde.

». . . Die Jahre, die ich in seinem Hause verbrachte, gehören zu den glücklichsten meines Lebens . . .«
an Adele Bärlehner, Herbst 1926

32. Johann Wolfgang von Goethe
Sepia-Tuschzeichnung nach (oder von?) Christian Vogel von Vogelstein/1824; das Bild hing später in Carossas Schlafzimmer.

»... Zu meinem fünfzehnten Weihnachtsfest erhielt ich Goethes Werke in zehn gediegenen ziegelroten Bänden als Geschenk. Die guten Eltern glaubten damit etwas Notwendiges für die Bildung ihres Sohnes getan zu haben; aber was lag mir an Bildung? Etwas Unerklärliches hielt mich nach den ersten Seiten fest, ließ mich los, zog wieder an. Bald schlug ich diesen, bald jenen Band auf, und fast jedesmal traf ich auf ein besonders bedeutsames Wort, zu dem ich immer wieder zurückkehrte. Die dunkelsten, entlegensten Stellen des Zweiten Faust, des West-östlichen Divans, der Wanderjahre, der Metamorphose der Pflanzen wußte ich bald für immer auswendig, ohne zu ahnen, was für ungeheure Elemente ich damit in mein kleines Leben aufnahm ...«
Führung und Geleit (I, 673)

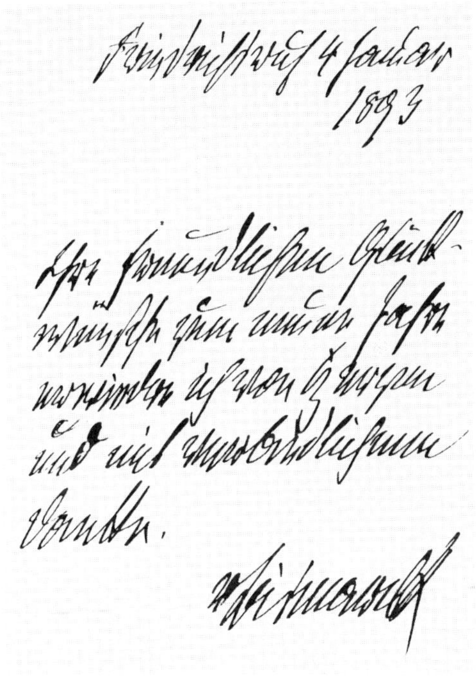
Friedrichsruh 4 Januar
1893

Ihre freundlichen Glück-
wünsche zum neuen Jahre
erwiedere ich von Herzen
und mit verbindlichstem
Danke.

v. Bismarck

33. *Bismarcks Dank für eine ihm von den Eltern Carossas übersandte seltene Pflanze.*

»... Und nun erlebten wir alle den frohesten Tag. Bismarcks freundliche Worte, die mehr noch den mitgesandten Zeilen als den Blumen galten, sie verjüngten den überwachten Vater im Augenblick ...« Das Jahr der schönen Täuschungen (II, 269)

34. Von Carossa unter Anleitung einer alten Blumenmalerin ausgeführtes Aquarell

»... Das Durchpausen, sonst sehr verpönt, hier war es beim Zeichnen der Umrisse gestattet; höchstens beim Kolorieren wandte sie einige Strenge an, dies war ihr die Hauptsache, und vor allem hielt sie auf Sparsamkeit...« Verwandlungen einer Jugend (II, 139)

35. Das Donautal bei Seestetten
Sepiatuschzeichnung von Paula Deppe (1887-1922),
die mit der Familie befreundet war.

»... Abhänge glitten ins Tiefe, es öffnete sich das himmelhell erweiterte Tal. Ich suchte den Strom, erkannte ihn aber nicht sogleich, obwohl er vor Augen lag. Alles andere war ja durch Farben körperhaft; er dagegen, bleich und grau, schien jenseits der Wirklichkeit zu fließen. Es war gerade das Entlegenste, was mich anzog, und zwar mit einer Kraft wie Musik ...«
Verwandlungen einer Jugend (II, 207)

36. Die schloßartige, von einem großen Park umgebene Villa der Industriellenfamilie Scheidemandel, deren Innenausstattung der gegenüberliegenden Burg Trausnitz nachgebildet war. Von einem Sohn der Familie im Elternhaus eingeführt, begegnete Carossa dort während seiner letzten Schuljahre zum erstenmal einer großbürgerlichen Welt.

37. Hans Carossa am Ende seiner Gymnasialzeit (etwa 1897)
»... mein Handeln und Leiden unterschied sich nicht von dem der anderen, nur daß es heftiger und unberechenbarer war als das der meisten; ich geriet in Verirrungen, Unfreiheiten und Unterlassungen des Herzens hinein und glaubte doch etwas Besonderes zu sein... Das Verwechseln geistiger und irdischer Welt, das blinde Herübertappen aus der einen in die andere, das ich leider mit den Kinderschuhen nicht ablegte, scheint Lehrer und Mitschüler beirrt zu haben; die Prophezeiung, es werde mit mir nicht gut hinausgehen, begleitete meine ganze Entwicklungszeit...« Führung und Geleit (I, 674)

38. Amalie Danzer (1879-1970) eine Jugendfreundin Carossas.
»... ein Mädchen, wie es wohl nur an diesem Ufer erwachsen konnte, straff und sanft, vornehm und wild, zart und unverletzlich, mit dem runden Blick, der tiefdunkel ist, sich aber entschieden zur Sonne bekennt...« Verwandlungen einer Jugend (II, 204)

39. Der Gasthof Danzer in Seestetten (1897), im Vordergrund Carossa und Amalie.

»... Dachte ich mir Amalie ... so ... baute sich die umgebende Landschaft auf, die Donau mit ihren weither kommenden hellgesternten Schiffen, die altersbraunen Holzhäuser, vor denen Fischernetze ausgespannt waren, die unendlichen Wälder ...«
Das Jahr der schönen Täuschungen (II, 309)

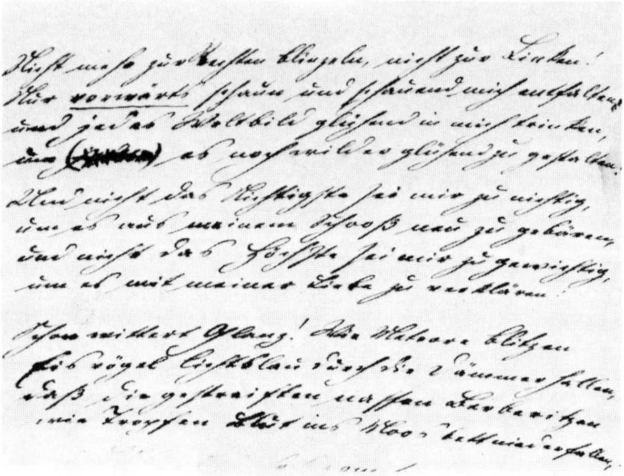

40. Drei Strophen aus der ersten erhaltenen Handschrift des Gedichts »Der Morgengang« aus dem Jahr 1897/98 mit Abweichungen von der in den »Verwandlungen einer Jugend« zitierten Fassung.

»Nicht mehr zur Rechten blinzeln, nicht zur Linken!
Nur *vorwärts* schaun und schauend mich entfalten
und jedes Weltbild glühend in mich trinken,
um es noch wilder glühend zu gestalten!

Und nicht das Nichtigste sei mir zu nichtig,
um es aus meinem Schooß neu zu gebären,
und nicht das Höchste sei mir zu gewichtig,
um es mit meiner Liebe zu verklären!

Schon wittert Glanz! Wie Meteore blitzen
Eisvögel lichtblau durch die Dämmerhallen,
daß die gestreiften nassen Berberitzen
wie Tropfen Blut ins Moosbett niederfallen...«

Student und junger Arzt
(1898-1906)

41. Die Propyläen in München (um 1900)

»... An der Ecke bog ich in die ruhige Brienner Straße ein, die bald in ganzer Breite von einem herrlichen Bauwerk unterbrochen war, und ehe ich noch das Ganze überblickte, wußte ich schon, wo ich mich befand. Ich stand vor dem göttlichen hellenischen Tor, dessen Abbildung im Kadinger Pfarrhaus hing, und zwischen seinen Säulen erschienen auch schon die Tempel, zu denen es den Eingang bildete... So wurde mir, als Meister Klenzes Hallenbau meinen Weg überragte, ein Schauder voraus zuteil, den ich eigentlich erst in Pästum oder in Segesta hätte erleben dürfen...«

Das Jahr der schönen Täuschungen (II, 278)

42. In diesem (im 2. Weltkrieg zerstörten) Haus wohnte Carossa während seiner Münchner Studienzeit.

»... In der Augustenstraße fand ich schnell das fünfunddreißigste Haus, das heute noch so klein und einstöckig zwischen hohen Gebäuden steht wie damals ...«

Das Jahr der schönen Täuschungen (II, 275)

43. Hans Carossa als Medizinstudent in München (1898/99)
»... Die Moderne ist scharf in meine Entwicklung hereingefahren; ich habe mich daran gewöhnt, zuviel Farben und Töne aufzutragen, zu viel zu schildern und die zarten Stimmen des Innern überwuchern zu lassen. Daran mein Lieber, kranken wir alle! Schau nur um in der modernen Literatur: zahllose glänzende verstandesmäßige Talente, – aber auch kein einziges hellsehendes aus dem Innern schöpfendes Genie!
Ja, ich habe mich durch die moderne Richtung – was das eigentlich ist, weiß ich ohnehin nicht mehr, ob ich gleich einst fest glaubte es zu wissen, – eher verloren als gefunden ...« an Fritz Kaufmann, 15. Oktober 1898

44. Das Café Luitpold in München (um 1900)

»... Bald umfing mich der Kaffeepalast mit seinen Prachträumen, darin sich die Schritte von selber verlangsamten. Alles war hier danach angetan, dem Neuling vorzuspiegeln, er habe ein Heiligtum betreten. In gläsernen Lilien glühten Fäden elektrischen Lichts; das leuchtete weiter in schwarzen Marmorsäulen. Den bildergeschmückten Decken und Wänden galten die nächsten Blicke; da stand in goldumrahmtem Schneefeld splitternackt ein geflügeltes Kind, von Raben umkrächzt, das Gesichtchen zum Weinen verzogen; anderswo ruhten zwei Liebende auf Wolken; eine Hand hob über sie den grünen Kranz des Ruhms, als hätten sie durch ihr Glück den größten Sieg errungen... alles atmete den Geist vornehmer Gastlichkeit, einzig würdig der glanzvollen Stätte, die den Namen des Regenten trug...«

Das Jahr der schönen Täuschungen (II, 279)

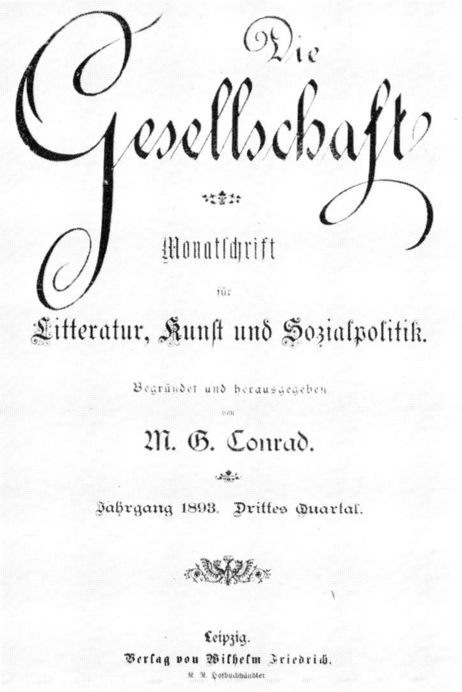

Die Gesellschaft

Monatschrift

für

Litteratur, Kunst und Sozialpolitik.

Begründet und herausgegeben

von

M. G. Conrad.

Jahrgang 1893. Drittes Quartal.

Leipzig.

Verlag von Wilhelm Friedrich.

K. R. Hofbuchhändler

45. »... Die Gesellschaft, herausgegeben von Michael Georg Conrad. Ich blätterte und las und las, und als endlich, sehr verspätet, Walter und Hugo kamen, da trafen sie nicht mehr den nämlichen Menschen, der zwei Stunden früher durch die Propyläen gegangen war...« Das Jahr der schönen Täuschungen (II, 281)

46. Michael Georg Conrad (1846-1927)
von 1885 bis 1901 Herausgeber der »Gesellschaft«.
»...der blondlockige fränkische Riese Michael Georg Conrad, der Gründer jener stürmischen Zeitschrift, der ich den Beginn meiner großen Unruhe verdankte...«
Das Jahr der schönen Täuschungen (II, 341)

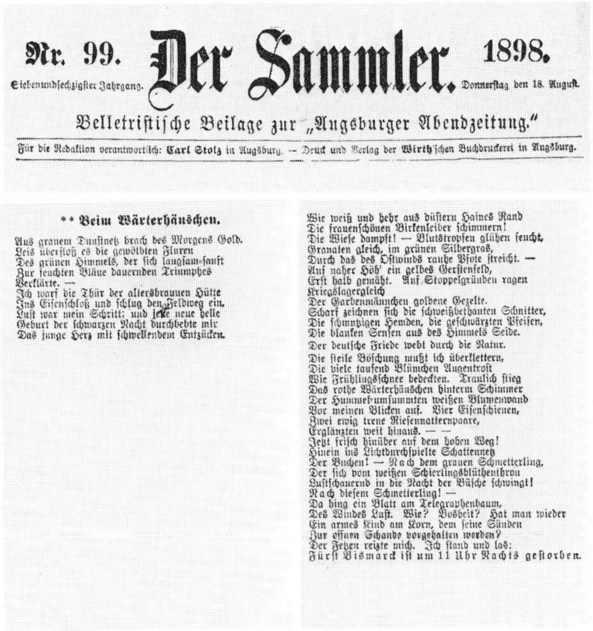

Nr. 99. Der Sammler. 1898.

Siebenundsechzigster Jahrgang. Donnerstag den 18. August.

Belletristische Beilage zur „Augsburger Abendzeitung.“

Für die Redaktion verantwortlich: **Carl Stolz** in Augsburg. — Druck und Verlag der **Wirth**'schen Buchdruckerei in Augsburg.

** **Beim Wärterhäuschen.**

Aus grauem Dunstnetz brach des Morgens Gold.
Leis überfloß es die gewölbten Fluren
Des grünen Himmels, der sich langsam-sanft
Zur feuchten Bläue dauernden Triumphes
Verklärte. —
Ich warf die Thür der altersbraunen Hütte
Ins Eisenschloß und schlug den Feldweg ein.
Lust war mein Schritt; und jede neue helle
Geburt der schwarzen Nacht durchbebte mir
Das junge Herz mit schwellendem Entzücken.
Wie weiß und hehr aus düstern Haines Rand
Die frauenschönen Birkenleiber schimmern!
Die Wiese dampft! — Blutstropfen glühen feucht,
Granaten gleich, im grünen Silbergras,
Durch das des Ostwinds rauhe Pfote streicht. —
Auf naher Höh' ein gelbes Gerstenfeld,
Erst halb gemäht. Auf Stoppelgründen ragen
Kriegslagergleich
Der Garbenmännchen goldene Gezelte.
Scharf zeichnen sich die schweißbethauten Schnitter,
Die schmutzigen Hemden, die geschwärzten Pfeifen,
Die blanken Sensen aus des Himmels Seide.
Der deutsche Friede webt durch die Natur.
Die steile Böschung mußt ich überklettern,
Die viele tausend Blümchen Augentrost
Wie Frühlingsschnee bedeckten. Traulich stieg
Das rothe Wärterhäuschen hinterm Schimmer
Der Hummel-umsummten weißen Blumenwand
Vor meinen Blicken auf. Vier Eisenschienen,
Zwei ewig treue Riesennatternpaare,
Erglänzten weit hinaus. — —
Jetzt frisch hinüber auf dem hohen Weg!
Hinein ins lichtdurchspielte Schattennetz
Der Buchen! — Nach dem grauen Schmetterling,
Der sich vom weißen Schierlingsblüthenthron
Lustschauernd in die Nacht der Büsche schwingt!
Nach diesem Schmetterling! —
Da hing ein Blatt am Telegraphenbaum,
Des Windes Lust. Wie? Bosheit? Hat man wieder
Ein armes Kind am Korn, dem seine Sünden
Zur offnen Schande vorgehalten worden?
Der Fetzen reizte mich. Ich stand und las:
Fürst Bismarck ist um 11 Uhr Nachts gestorben.

47. Beim Wärterhäuschen
Gedicht von Hans Carossa, erschienen in: Der Sammler.
Belletristische Beilage zur Augsburger Abendzeitung.
18. August 1898.

»... Ich zeigte das Geschriebene dem Vater und machte kein Hehl daraus, daß ich es veröffentlichen wolle ... Er lachte: ›Die Zeitung, die so etwas aufnähme, müßte wohl erst gegründet werden‹ ... Groß war seine Verwunderung, als er nach wenigen Tagen, bei der Morgenschokolade, in seinem bevorzugten Blatt meinem Gedicht begegnete, das beinahe eine ganze Seite einnahm. Nun aber vertauschten sich die Rollen. Während mich die Vervielfältigung meines Erzeugnisses dessen Unwert spüren ließ, schien der Vater ein wenig der Magie gedruckter Buchstaben zu erliegen; er fand den einen oder anderen Ausdruck doch eigentlich recht gut ... das Ganze sei mit einer sonderbaren Intensität erlebt ...«
Das Jahr der schönen Täuschungen (II, 407)

48. Karl Ritter von Goebel (1855–1932)
Professor der Botanik, dessen Vorlesungen Carossa in München hörte.

»... Im jahrelangen Umgang mit der Pflanzenwelt war sein Gesicht sehr sanft geworden... Wenige hatten damals ein so freies Auge für die ewigen, zur Kunst hinweisenden Formen der Natur...«
Das Jahr der schönen Täuschungen (II, 286)

49. Der alte botanische Garten mit dem Glaspalast in München (um 1900). Hier lernte Carossa zum erstenmal ein Gedicht Hugo von Hofmannsthals kennen in einer Abschrift, die Roger de Campagnolle für kurze Zeit ausgeliehen und seinem Vetter Hugo Mott überlassen hatte

» Kaum war er durch das klassische Tor des Gartens entschwunden, da kam Walter und, ein wenig später, auch Hugo; dieser hielt einen Briefumschlag in der Hand und gab uns, heftig winkend, von weitem zu erkennen, daß wir uns auf etwas Außerordentliches gefaßt machen dürften...«
Das Jahr der schönen Täuschungen (II, 304)

50. Roger de Campagnolle (1873-1957)
der Freund und Bewunderer Richard Dehmels; im dritten Band der Jugendgeschichte erscheint er in der Gestalt des »Prometheus«. Carossa lernte ihn im Herbst 1897 durch Hugo Mott kennen.
»... Bewußtheit hatte diese Physiognomie geformt; für Zwielichtsträumereien blieb darin kein Raum. Nicht ohne Wohlwollen funkelten forschende graublaue Augen den künftigen Kollegen an. Die Stirn krauste sich beim Sprechen; wenn er lächelte, erschienen um den prachtvoll roten, schön geformten Mund zwei feine Faltenwinkel. Seine Redeweise war ungefähr das Gegenteil der meinigen; denn während ich unschlüssig nach Bezeichnungen suchte, stellte er Ansichten und Urteile mit einer soldatisch anmutenden Bestimmtheit vor uns hin ...«
Das Jahr der schönen Täuschungen (II, 299)

51. Das Hotel Bayerischer Hof in München (um 1900)

»... Um die Jahrhundertwende hatte die lyrische Kunst eine hohe Zeit. Überall in deutschen Landen gab es Kreise junger Menschen, die das neue Buch eines Dichters wie Heilandsworte ersehnten... Wer sich in eine solche Epoche nicht zu versetzen weiß, der wird auch kaum die festliche Erregtheit der drei Untrennbaren verstehen, die während eines abendlichen Schneegestöbers vor dem Bayerischen Hof zusammentrafen, um den Dichter der ›Erlösungen‹ [Richard Dehmel] zu sehen und zu hören...«

Das Jahr der schönen Täuschungen (II, 240)

52. Richard Dehmel (1863-1920)
»... Grenzenlos gewillt, alles an ihm herrlich zu finden, mußte ich mich doch an seine Erscheinung erst gewöhnen; so leidenschaftlich rassig, so wundersam aus Missionar und Satyros gemischt hatte ich ihn mir nicht vorgestellt...«
Das Jahr der schönen Täuschungen (II, 342)

53. Ida Dehmel (1870-1942) 1908
»... Die schöne Frau trug ein hochgeschlossenes rotbraunes Kleid; in ihrem dunklen Haarknoten steckte ein Pfeil. Gesenkten Hauptes ließ sie sich in der ersten Reihe nieder und versuchte auszusehen wie irgend jemand...«
Das Jahr der schönen Täuschungen (II, 341)

54. Emerenz Meier (1874-1928)
die Volksdichterin aus dem Bayrischen Wald.
»... Man konnte nicht fraulich sanfter und verträumter aussehen als die Senz; dennoch wurde sie von allem unbändig Aufrührerischen hingerissen. Auch sie hoffte auf eine neue, eine wahrere Menschheit, erwartete sie aber nicht wie unsereiner von einer Läuterung einzelner Seelen, sondern ... von einer gewaltigen Umschichtung der gesamten Volksmasse ...«
Das Jahr der schönen Täuschungen (II, 437)

55. Auguste Unertl (1864-1941)
die mütterliche Freundin der Emerenz Meier, die Carossa
1898 in Waldkirchen kennenlernte.
»... Zeitlos aber ist die Macht des Herzens, die sich als Wohlwollen kundgibt... Sie gehörte zu den Frauen, denen man schon in der Jugend ansieht, daß sie nie der Verhärtung anheimfallen werden, auch nicht in Zeiten allgemeiner Starre. Da ihr die Mutterschaft versagt blieb, so behandelte sie Menschen, die ihr nähertraten, gern wie Kinder, suchte sie miteinander in gute Beziehungen zu bringen, sorgte, lobte, lenkte zur Einsicht...«
Das Jahr der schönen Täuschungen (II, 442)

*56. Karl (1869-1948) und Hanna (1878-1946) Wolfskehl (um 1898)
Carossa lernte das junge Ehepaar am 8. August 1899 in
Waldkirchen im Bayrischen Wald kennen.*
»... kam eine schöne blonde Frau mit breitem kornblumen- und
ährenumflochtenen Strohhut herein, begleitet von einem schlanken
blassen Mann mit assyrisch geschnittenem schwarzem Bart...«
Das Jahr der schönen Täuschungen (II, 447)

57. Ludwig Jacobowski (1868-1900)
von 1898 bis 1900 Redakteur der Zeitschrift »Die Gesellschaft«.

»... Ich schickte das Manuskript [*Stella mystica*] an Michael Georg Conrads ›Gesellschaft‹ und empfing nach wenigen Tagen einige herzliche, glückverheißende Zeilen von dem Dichter Ludwig Jacobowski, der das ungefüge Erzeugnis auch sogleich in den Satz gab. Als aber die Korrektur bei mir eintraf, empfand ich das Ganze als fremd und überspannt, eine Scheu vor Öffentlichkeit ließ mich zögern, bis ich auf einmal die Nachricht von Jacobowskis frühem Tod in einer Zeitung las, da war es mir wie ein Zeichen; ich sandte den Abzug nicht zurück...« Führung und Geleit (I, 677)

58. Maria und Anna Weiß (1867-1932 und 1867-[1928])
die Zwillingsbasen Carossas.
»... wie schnell sind viele Meinungen und ihre Verfechter aus der Erinnerung geschwunden, während ich an die zwei Schwestern heute nur zu denken brauche, um gleich den ewigen Zauber eines fröhlich-frommen Wandels zu fühlen, der unbewußt auf Spuren der großen Weisen ging...«
Das Jahr der schönen Täuschungen (II, 311)

59. »Die Sünde« von Franz von Stuck (Neue Pinakothek, München)
»... Es gibt Kunstwerke, die den Sinn für Gemeinschaft in uns kräftigen, und andere, die uns in die Vereinzelung locken; zu diesen gehörte das Gemälde von Stuck. Diese Figur wies jeden auf einen einsamen Weg, wo er früher oder später einer ihrer lebenden Schwestern begegnen mußte ...«
Das Jahr der schönen Täuschungen (II, 308)
»... bis ich auf einmal selbst in die seltsamsten Verhältnisse verstrickt wurde, die mich beinahe zerstört hätten ...«

60. Die Universität in Leipzig (um 1900)
»... Mein Vater, der Verehrer Bismarcks und Friedrichs des Großen, hatte gegen einige Leipziger Semester nichts einzuwenden; die Mutter begriff es zwar nicht recht, wie man Sachsen gegen Bayern eintauschen mochte, fügte sich jedoch der väterlichen Meinung, ein Wechsel der Universität habe noch keinem geschadet ...« Der Tag des jungen Arztes (II, 481)

61. »... Als bedeutende Namen leuchteten in der ›Insel‹ Maeterlinck, Schröder, Hofmannsthal und Wedekind auf, und von diesem las ich zunächst nur den ›Prolog zum Erdgeist‹, der mich durch seine Verherrlichung der Zirkuswelt, aber auch durch seine höfliche Verhöhnung des bürgerlichen Publikums verwirrte und beglückte...« Der Tag des jungen Arztes (II, 491)

62. Max Klingers Zeichnung »Knabe« in welcher Carossa, der die Zeit seines Medizinstudiums als »die bedrückendste, verfehlteste, nervenzerstörendste seines Lebens« *empfand, damals einen Ausdruck seiner eigenen Stimmung zu finden glaubte.*
»... vielleicht ist es kein Zufall, daß es auch keine Photographie aus jenem Alter gibt...«

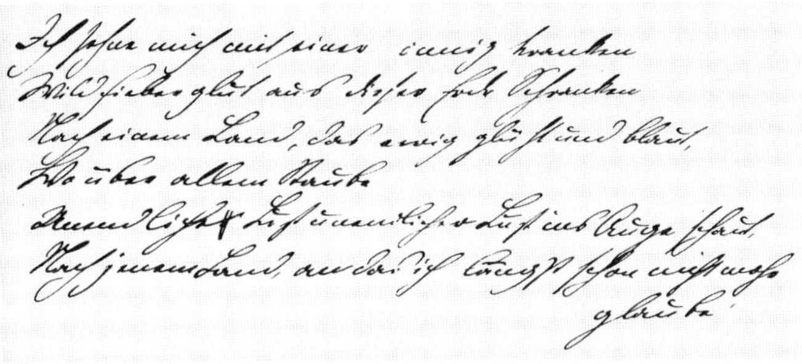

63. Gedichtentwurf Carossas aus dem Jahr 1902

»Ich sehne mich mit einer innigkranken
Wildfieberglut aus dieser Erde Schranken
Nach einem Land, das ewig glüht und blaut,
Wo über allem Staube
Unendliche Lust unendlicher Lust ins Auge schaut,
Nach jenem Land, an das ich längst schon nicht mehr
glaube!«

64. Frank Wedekind (1864-1918) 1912

»... Wedekind ... kam mir durch Lautensack auch menschlich näher, und zum ersten Mal verstand ich es, daß diesem Dichter die Abenteuer eines armen Künstlers oder eines Weibes, das durch Unglück und Schuld auf die Nachtseite des Lebens geraten war, weit mehr bedeuteten als der glatte Lebensgang eines untadeligen Bürgers ...« Der Tag des jungen Arztes (II, 559)

65. Würzburg, Innerer Graben 27 II
»... Nebenan siehst Du das Haus, in dem ich wohne...«
an die Schwester Stefanie, Januar 1902

66. Geheimer Rat Professor Paul Zweifel (1848-1927)
»... Über Frauenkrankheiten und Geburtshilfe las um die Jahrhundertwende in Leipzig Paul Zweifel, ein wahrhaft glänzender Lehrer, bei dem ich später auch promovierte...«
Der Tag des jungen Arztes (II, 487)

Ueber die

Dauererfolge der Zweifel'schen Methode bei veralteten Dammrissen dritten Grades.

Inaugural-Dissertation

zur

Erlangung der Doktorwürde

in der

Medizin, Chirurgie und Geburtshilfe

einer

Hohen Medizinischen Fakultät

der

Universität Leipzig

vorgelegt von

Hans Carossa,

Arzt aus **Passau** in Bayern.

LEIPZIG

Druck von Bruno Georgi

1903.

67. Carossas Doktor-Dissertation

»... Beim Wiederlesen dieser Arbeit wußte ich nicht, ob ich lachen oder weinen sollte. Eigentlich war es gar nicht so, daß mich das Thema besonders interessieren konnte; aber Paul Zweifel war mir als Lehrer und Mensch dermaßen sympathisch, daß ich jede Aufgabe zu erfüllen gesucht hätte, die er mir hätte stellen wollen...« an Dr. Fritz Neumann, 24. Dezember 1952

68. Geheimrat Dr. Guido Jochner (1859-1932), der Studienkollege und Freund von Carossas Vater, dem Carossa im Frühjahr 1903 zum erstenmal bewußt begegnete.
»... Ich übernahm die Überzeugung jener Epoche, ein wissenschaftlich gebildeter Mensch habe es nicht nötig, fromm zu sein; nun stand vor mir ein Mann, der beides vereinigte und sich nicht schämte, es zu bekennen... Dabei war es ein Mann, dem niemand vorzuwerfen wagte, er suche irdische Vorteile...«

69. Die Bahnhofsstraße in Passau (1903)
Die ärztliche Praxis, die Carossa von 1903 an für den Vater führte, befand sich im 2. Stock des – mit einem runden Erker versehenen – Hauses.

»... Mein Leben hier verläuft in immer engeren Kreisen, ich bin wie eine Raupe, die sich halb eingesponnen hat. Es geht allerlei vor in mir; absolut sicher ist nur, daß ich in Passau nicht bleibe und wieder dem Norden zustrebe; ich werde mich wahrscheinlich wieder nach Sachsen wenden und vielleicht in Dresden mein Zelt aufschlagen; kann sein sehr bald ...«
an Auguste Unertl, 2. April 1904

Hierdurch erlaube ich mir bekannt zu geben, daß ich meine spezialistische Praxis nunmehr gemeinsam mit meinem Sohne, dem prakt. Arzt Herrn 21246*

Dr. Hans Carossa,

ausübe.

Passau, den 22. September 1903.

Dr. Karl Carossa.

70. Die Anzeige, mit der Carossas Vater in der Passauer Donauzeitung am 22. September 1903 den Sohn in seiner Praxis einführte.

71. Karte Carossas aus Dresden vom 23. 9. 1904

»... das von scharfem Ost bestürmte Dresden, wo ich so brav und zufrieden war wie noch nie seit 10 Jahren...« an Auguste Unertl, 7. März 1905

72. Seestetten; Winter 1904/5

».. . Die kahlen Bäume vor meinem Fenster sehen aus wie Hollunderbeerdolden; die Beeren sind aber beflügelt, es sind Stare.

Ich liege still im stillen Haus.
Ich liege begraben im Winterwald.

Das las ich irgendwo und nun muß ich immer dran denken ...«
an Auguste Unertl, 7. März 1905

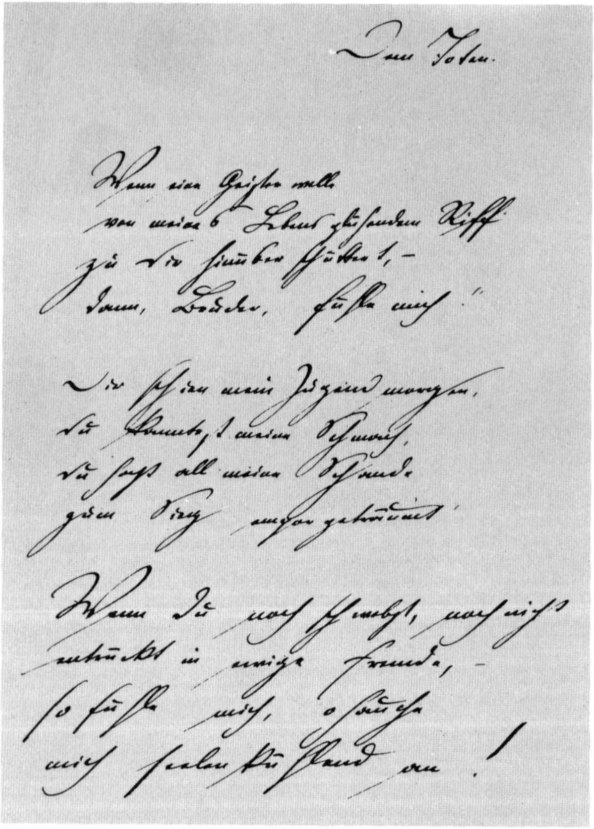

Dem Toten.

Wenn eine Geisterwelle
von meines Lebens glühendem Riff
zu dir hinüberschüttert, –
dann, Bruder, fühle mich!

Dir schien mein Jugendmorgen,
du kanntest meine Schmach,
du hast all meine Schande
zum Sieg emporgeträumt!

Wenn du noch schwebst, noch nicht
entrückt in ewige Fremde, –
so fühle mich, o hauche
mich seelenkühlend an!

73. Erste erhaltene Fassung des Gedichts an Hugo Mott.

Dem Toten

Wenn eine Geisterwelle / Von meines Lebens glühendem Riff / Zu dir hinüberschüttert, – / Dann, Bruder, fühle mich!

Dir schien mein Jugendmorgen / Du kanntest meine Schmach, / Du hast all meine Schande / Zum Sieg emporgeträumt!

Wenn du noch schwebst, noch nicht / Entrückt in ewige Fremde / So fühle mich, o hauche / Mich seelenkühlend an!

74. Hugo Mott in seinem letzten Lebensjahr (1904)
»... Was Hugo anging, so war er keineswegs die Natur, die sich über ihr eigenes Los täuschen ließ; über seiner eingeborenen Schwermut schwebte der Geist, und was an schönen Gedichten und edler Musik in der Zeit hervortrat, versöhnte ihn sogar mit dem Tod...«

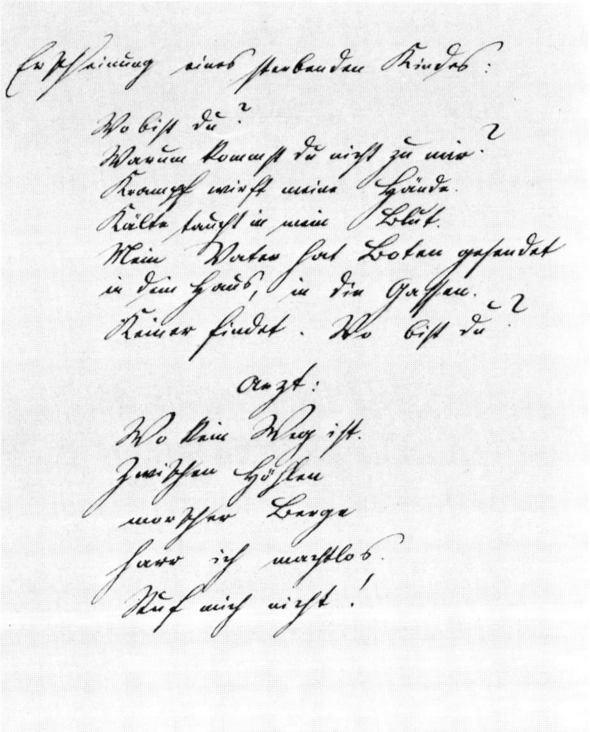

Erscheinung eines sterbenden Kindes:

Wo bist du?
Warum kommst du nicht zu mir?
Krampf wirft meine Hände.
Kälte taucht in mein Blut.
Mein Vater hat Boten gesandt
in dem Haus, in den Gassen.
Keiner findet. Wo bist du?

Arzt:
Wo kein Weg ist.
Zwischen höchsten
weißer Berge
harre ich machtlos.
Ruf mich nicht!

75. Aus dem Gedicht »Die Flucht«
(Der erste Entwurf entstand 1905)

»... und wie ein trauriger Traum wollte es mich in den folgenden Tagen manchmal anmuten, wenn mich ein altes Weiblein aus grünem harzduftendem Wald auf einmal in eine grabelnde verschimmelte Krankenstube hineinholte, wo ein sterbendes Kind phantasierend dem Tod entgegenfieberte. Hier wuchsen Stimmungen, aus denen allmählich ›Die Flucht‹, ein monologisches Gedicht, hervorging ...« Der Tag des jungen Arztes (II, 618)

76. Valerie Endlicher (um 1905)
später Carossas erste Frau (geb. 1880 in Neutitschein/Mähren gest. 1941 in Seestetten). Im Herbst 1905 wurde Carossa zur ärztlichen Hilfe gerufen als Valerie Endlicher in einem Café eine Lungenblutung erlitt; sie leitete damals die Abteilung für Galanteriewaren in dem Kaufhaus Grünebaum in Passau.

»... Hanna Cornet, das ist der Name meiner schönen Fremden vom Theater, leitet die Abteilung für Putz in einem großen Kaufhaus am Domplatz. Dies ist alles, was ich von ihr weiß; meinen Gedanken aber ist es genug, ein Leuchtturm, um sich zu sammeln in diesen verkümmerten Tagen...«
Die Schicksale Doktor Bürgers (I, 146)

77. Eingang zum Lokal der Elf Scharfrichter in der Türkenstraße (um 1900)

»... Ein Rundgang führte mich nach meiner Ankunft in die Türkenstraße, und es war wie eine Fügung, daß mich vor dem Gasthaus zum Goldenen Hirschen ein riesiges Plakat durch den freudigen Schrecken, den es mir einjagte, zum Stillstehen zwang...« Der Tag des jungen Arztes (II, 561)

78. Programmheft der Elf Scharfrichter, mit einer Farblithographie von Th. Th. Heine.

»... Eine lange Frau, halb Somnambule, halb Leiche, bis zum Kinn hinauf schwarz gekleidet, stand überlebensgroß im Vordergrund, ... Hinter dem gespenstischen Wesen aber war aus roter Flut ein Chor gehörnter Teufelsköpfe aufgetaucht, und alle blickten mit großen Augen auf die Unheimliche hin, keineswegs diabolisch, eher kindlichen Faunen gleich erstaunt ...«
Der Tag des jungen Arztes (II, 561)

79. Heinrich Lautensack (1881-1919) um 1905
den C. schon um die Jahrhundertwende kennengelernt hatte
»... Was mir fehlte, besaß dieser jüngere im Überfluß; er kannte kein Tasten, kein Zaudern, kein dunkles Zurückhalten. Seines Talentes versichert, schrieb er unaufhörlich, im Kaffeehaus wie auf Spaziergängen, war übermütig und witzig... genialischer Mensch in liebenswürdigster Abart... Das dunkle starre Haar trug er zu einem hohen Helm emporgerichtet; seine gutmütig-rassige Physiognomie, in die zwei scharfe nordisch-hellgraue Augen hineingelangt waren, konnte sich in Augenblicken der Freude oder der Begeisterung ungemein verklären...«
Führung und Geleit (I, 697)

80. Max Dauthendey (1867-1918) um 1905

»... Der eine Mann, klein, gedrungen und doch zart, hatte dunkelbraunes Haar und eine klare Stirn; die ruhigen traumtiefen Augen ließen an Gangesufer oder Benares denken... Nun aber sprach seine schwarz gekleidete Gattin den kleinen Tischgenossen mit den dunklen indischen Augen als Herrn Dauthendey an, und jetzt galt meine Aufmerksamkeit nur noch ihm. ... Daß ein so zeitlos reiner Dichter gekommen war, um einen Abend bei den Elf Scharfrichtern zu verbringen, stärkte meinen Glauben an das Unternehmen...« Der Tag des jungen Arztes (II, 562)

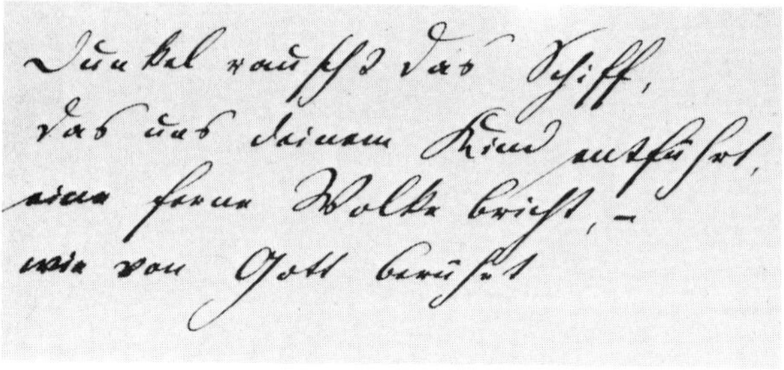

Dunkel rauscht das Schiff,
das aus deinem Traum entführt,
wenn ferne Wolke bricht, –
wie von Gott berührt

81. Erste erhaltene Fassung des Gedichts »Nach banger Nacht«, das 1906 entstand.

82. Leo Greiner (1876-1928)
Lithographie von Karl Bauer, 1900
»... Eine Zeitlang war es Leo Greiner, der tiefe, dunkelglühende Lyriker, der mir gewissenhaft Horoskope stellte ...«
Führung und Geleit (I, 703)

83 Stefan George (1868-1933)
auf dessen »Jahr der Seele« Carossa 1904 durch
Hugo von Hofmannsthals »Gespräche uber Gedichte«
hingewiesen worden war.
»... Mitten in dieser Zeit, wo ich für Dehmel und Mombert schwärmte, kam ich zum ›Jahr der Seele‹ und die Wirkung war eine unbewußt und eigentlich unerwartete: es war zunächst eine Erziehung zu Bescheidenheit...«

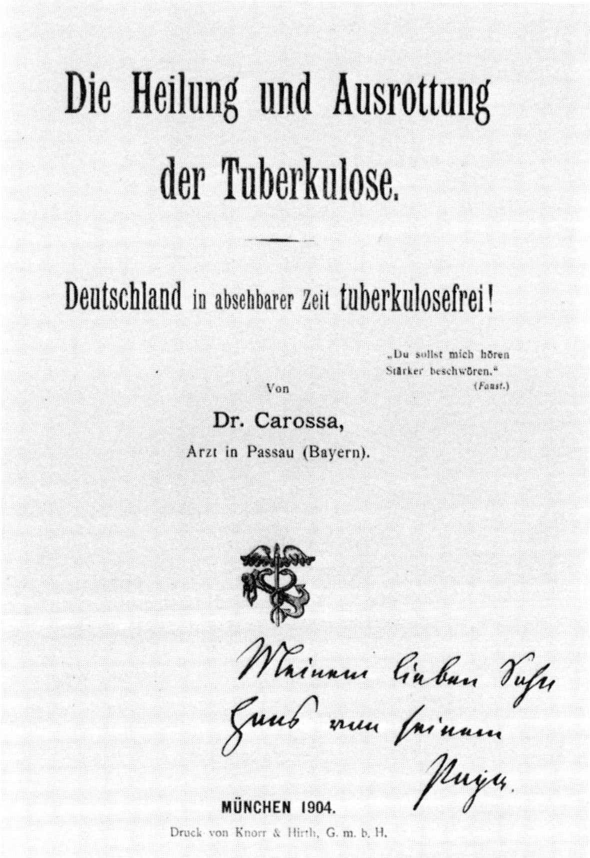
Die Heilung und Ausrottung der Tuberkulose.

Deutschland in absehbarer Zeit **tuberkulosefrei!**

„Du sollst mich hören
Stärker beschwören."
(*Faust.*)

Von

Dr. Carossa,

Arzt in Passau (Bayern).

Meinem lieben Vater
Gruß von seinem
Junge.

MÜNCHEN 1904.

Druck von Knorr & Hirth, G. m. b. H.

84. ». . . Er [*Carossas Vater*] veröffentlichte in Zeitschriften Aufsätze, denen er durch überzeugende Krankheitsgeschichten ein stärkeres Gewicht zu geben suchte; dadurch hoffte er immer wieder Laien wie Kollegen mit seinen Gedankengängen zu befreunden. Unter der Gleichgültigkeit der Welt litt er mehr, als er sich anmerken ließ; er wurde noch schweigsamer, verfiel auch körperlich . . .« Der Tag des jungen Arztes (II, 540)

85. Der Vater Carossas, einige Jahre vor seinem Tode

»... Ein echter Sohn seiner Zeit, glaubte er wirklich frei von dem zu sein, was man metaphysisches Bedürfnis nennt; er lebte ganz im Wirklichen, wollte nichts sein als ein tüchtiger Arzt und lehnte alles ab, was nicht von der Erfahrung kam. So war er, obenhin gesehen, ein echter Sohn seiner Zeit. Er liebte auch diese Zeit Bismarcks und der Erfindungen und pries sich glücklich in ihr zu leben. Wer aber nur drei Tage neben ihm lebte und ihm zusah wie er mit seinen Patienten umging, der merkte bald, daß in ihm eine Kraft wirkte, die über aller Erfahrung war, und die sich gerade deshalb so rein zeigte, weil er nicht gewillt war sie anzuerkennem ...«

86. Das Grab der Eltern Carossas.

»... Mors Patris: aus dem sterbenden Vater ging eine Kraft in den Sohn hinüber, ohne daß dieser es merkte...«

»... Mit unseren Lebenden und unseren Toten fühlte ich mich tief befreundet; dies war eine Bundesgenossenschaft, auf welche ich bauen durfte. Ich dachte an meinen Vater, an mein Verhältnis zu ihm. Dieses wurde nur noch wesenhafter, seit er nicht mehr lebte. Ein altes Wort glaubte ich endlich recht zu verstehen: Tönend wird die Muschel erst, wenn der lebendige Leib aus ihr entfernt ist...«

Der Tag des jungen Arztes (II, 635)

Selbständige Arztjahre und erste Veröffentlichungen (1906-1915)

87. Das Seestettener Haus (Sommer 1907)
Im Vordergrund die Hausgehilfin der Mutter.
»... ist die Seestettener Sommerstimmung nicht sehr konzentriert darin? [*in dem Gedicht ›Die Ahnfrau‹*] Das Einsame, Dauernde und Verzauberte dieses alten Hauses...« an die Schwester Stefanie, 7. Dezember 1916

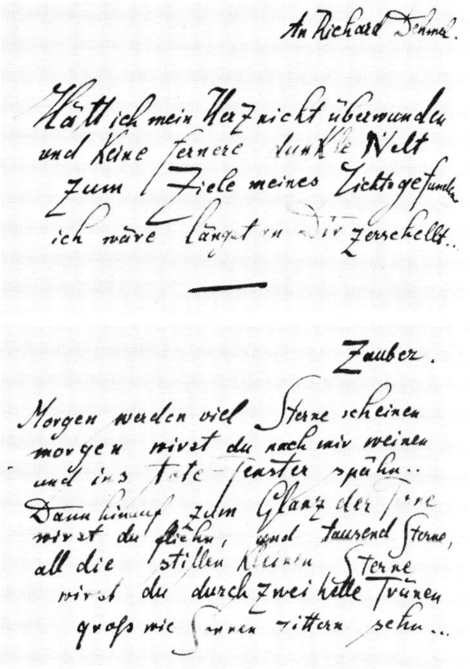

An Richard Dehmel.

Hätt ich mein Herz nicht überwunden
und keine fernere dunkle Welt
zum Ziele meines Lichts gefunden
ich wäre längst an dir zerschellt..

Zauber.

Morgen werden viel Sterne scheinen
morgen wirst du nach mir weinen
und ins tote Fenster spähn..
Dann hinauf zum Glanz der Sterne
wirst du flehn, und tausend Sterne,
all die stillen kleinen Sterne
wirst du durch zwei helle Tränen
groß wie Sonnen zittern sehn..

88. Die beiden Gedichte sind auf Eintrittskarten zu Richard Dehmels Vortrag in München am 23. November 1906 geschrieben
»... Die beiden Karten lege ich Ihnen nur bei um mich über den Besuch Ihres Vortrags zu ›legitimieren‹. Die zwei kleinen Gedichte sind schon irgendwo veröffentlicht, es hieß aber statt ›an Richard Dehmel‹ – ›an einen Großen‹...« an Richard Dehmel, 1. Januar 1907

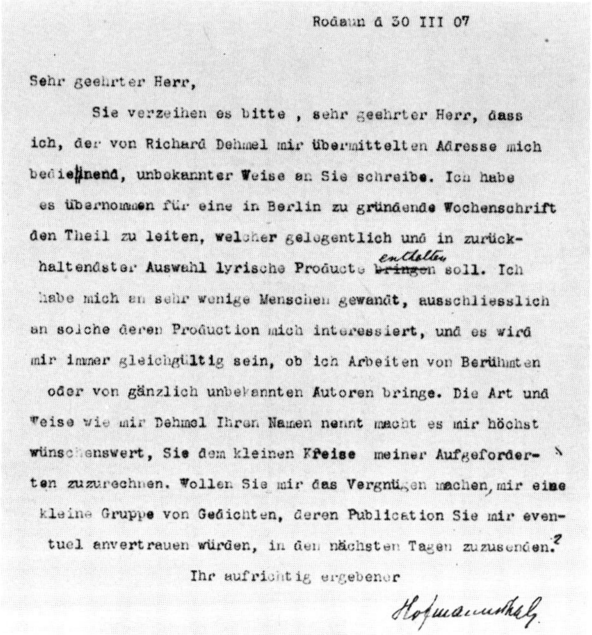
Rodaun d 30 III 07

Sehr geehrter Herr,

Sie verzeihen es bitte , sehr geehrter Herr, dass ich, der von Richard Dehmel mir übermittelten Adresse mich bedienend, unbekannter Weise an Sie schreibe. Ich habe es übernommen für eine in Berlin zu gründende Wochenschrift den Theil zu leiten, welcher gelegentlich und in zurückhaltendster Auswahl lyrische Producte ~~bringen~~ enthalten soll. Ich habe mich an sehr wenige Menschen gewandt, ausschliesslich an solche deren Production mich interessiert, und es wird mir immer gleichgültig sein, ob ich Arbeiten von Berühmten oder von gänzlich unbekannten Autoren bringe. Die Art und Weise wie mir Dehmel Ihren Namen nennt macht es mir höchst wünschenswert, Sie dem kleinen Kreise meiner Aufgeforderten zuzurechnen. Wollen Sie mir das Vergnügen machen, mir eine kleine Gruppe von Gedichten, deren Publication Sie mir eventuel anvertrauen würden, in den nächsten Tagen zuzusenden.

Ihr aufrichtig ergebener

Hofmannsthal

89. Hugo von Hofmannsthals erster Brief an Carossa.

»... fand ich unter eingelaufenen Postsachen einen Brief in sehr gewöhnlichem, graugrünem Umschlag, wie ihn Geschäftsleute verwenden; die Adresse war mit Schreibmaschine geschrieben, desgleichen der Name des Absenders: Hofmannsthal, Rodaun bei Wien... nun zündete ich die sämtlichen Lampen, Lämpchen und Kerzen an, die sich in der altmodischen Wohnung fanden... Die Beglückungen, die von dem Dichter seit Jahren über mich gekommen, sie lebten mit allen ihm zugedachten Dankesworten wieder mächtig auf, und obwohl ich wußte, daß der Brief durch Dehmel veranlaßt war, so empfand ich ihn doch wie einen Gegengruß, als hätte mein geistiges Andrängen, unterirdisch weiterwirkend, Antwort erhalten...«

Führung und Geleit (I, 704)

90. Hugo von Hofmannsthal (um 1907)
»... Dieses niemals außer Hörweite sein, dieses völlige Ernstnehmen der unsicheren, unregelmäßigen Bemühungen eines Ungekannten, fernab Hausenden, der sich selbst keineswegs immer ernst nahm, dies war Hofmannsthals edle, klare Freundschafts- und Führerschaftsleistung an mir in so vielen Jahren. Nebenher ging ein hellsichtiges Erraten, wie es menschlich mit einem stand, und die freiwilligste, nie mit einer Silbe erwähnte Forderung in der Welt, von der man erst spät und nur durch Zufall erfuhr...«
Aus »Erinnerung«, Neue Rundschau, November 1929

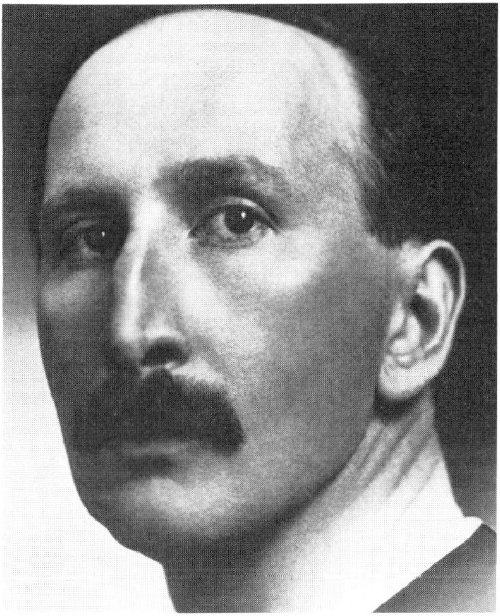

92. Alfred Mombert (1872-1942) 1909

»... Ich war, um ihn zu sehen, nach Heidelberg gefahren, aber 3 Wochen lang, von Hemmungen zurückgehalten, dort herumgegangen, hab ihn aber dann an dem gleichen Tag, wo er nach Sizilien verreiste, doch noch für eine kleine Stunde erreicht. Es war 1908 und ich also in meinem dreißigsten Jahr «

an die Tochter Eva, 22. Mai 1951

»... prachtvolles Bildnis Momberts ... das Heroische seines Wesens prägt sich vollkommen darin aus ...« (1910)

91. Hans Carossa 1908

»... Ich bin nun seit meinem 25. Jahr selbständiger Arzt und habe meine Stelle so gut versehen als möglich, obgleich ich mir dabei immer nur wie ein Gast vorkam, der sich jeden Tag ›ohne Reue‹ wieder entfernen könnte. Ja, vielleicht gerade weil ich die Gestalt des Arztes immer nur wie eine Verkleidung empfand, in der ich von Tür zu Tür ging, tat ich zuweilen, wie aus Übermut viel mehr als meine Pflicht, dumpf überzeugt, daß alles, was der Arzt verschenkte, eines Tages dem Dichter, (für den ich mich hartnäckig hielt), irgendwie zu Gute kommen müsse ...«

an Katharina Kippenberg, 29. Oktober 1915

93. Anton und Katharina Kippenberg, Hugo von Hofmannsthal (1925)

»... Sie müssen Herrn Kippenberg mit einem sehr mächtigen Zauberstabe berührt haben; er schrieb mir, es sei ihm eine Freude mein Buch im Insel-Verlag erscheinen zu lassen...«
an Hugo von Hofmannsthal, 27. Februar 1910

Hans Carossa

Stella mystica
Traum eines Toren

Leo Greiner zugeeignet

1907
Verlegt von A. R. Meyer
Berlin-Wilmersdorf

94. Erste selbständige Veröffentlichung Carossas.

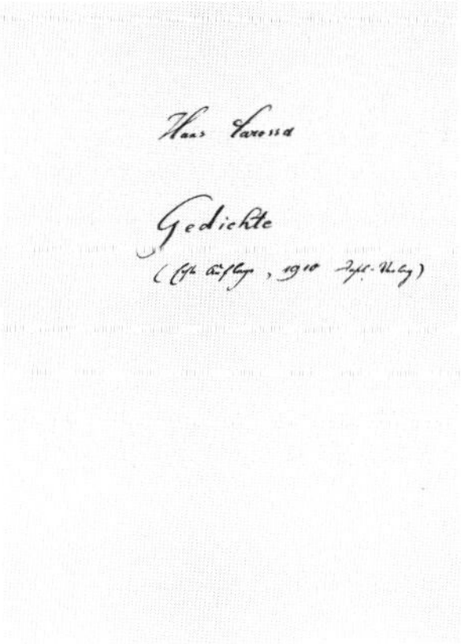
Hans Carossa

Gedichte
(Erste Auflage, 1910 Insel-Verlag)

95. Titelseite der Druckvorlage zur Erstausgabe der Gedichte (1910)

96. Der Ludwigsplatz in Passau um 1900 mit dem Café Wittelsbach (das Haus mit der turmartig hochgezogenen Fassade).

»... Alfred Kubin, der nahe bei Passau wohnte, lud mich, von Karl Wolfskehl veranlaßt, eines Tages ein, ihn zu besuchen. Wir trafen uns aber zuerst in dem gerade stark besetzten Café Wittelsbach ...«
Führung und Geleit (I, 698)

97. Alfred Kubin (1877-1959)
»... Verschiedene Rassen, wilde und überzüchtete, westliche und östliche, mochten zusammengespielt haben, um diesen Kopf zu bauen und dieses Gesicht zu bilden, dieses Gesicht eines vor der Zeit weise gewordenen Knaben, eines Priesters der Unterwelt, in dessen Zügen hohe nervöse Spannungen mit Müdigkeit wechselten, dieses Gesicht, das eher dem Reich des Mondes als der Sonne angehörte ...« Führung und Geleit (I, 698)

98. Das Schlößchen Zwickledt um 1900.

»... Wenige Tage später besuchte ich [Kubin] auf seinem hochgelegenen Gute Zwickledt über dem Inn, und oft im späteren Leben hab ich mir dankbar jenen Frühlingstag des Jahres 1910 zurückgerufen, wo mich der junge Meister mit großer Geduld in die Welt seiner Visionen einführte...

... Eine Welt rührte mich an, die ich als fremd und doch als wahr empfand... eine maßlose Welt voller Untergänge, Strandungen, Marterungen, Schändungen und Entmannungen, ein allgemeines Ausgesetztsein ohne Hoffnung...«

Führung und Geleit (I, 699)

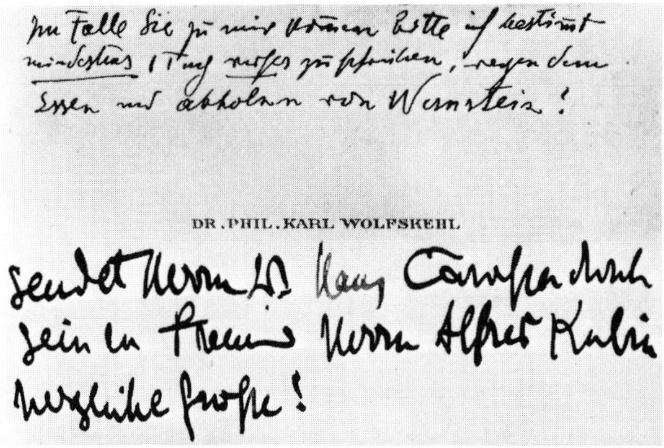

99. Visitenkarte von Karl Wolfskehl mit eigenhändigen Zeilen an Carossa und Beischrift von Alfred Kubin (Mai 1910).

Im Falle Sie zu mir kommen bitte ich bestimmt *mindestens* 1 Tag *vorher* zu schreiben, wegen dem Essen und abholen von Wernstein!

DR. PHIL. KARL WOLFSKEHL

sendet Herrn Dr. Hans Carossa durch seinen Freund Herrn Alfred Kubin herzliche Grüße!

100. Carossas Mutter in ihren letzten Lebensjahren.
»... Jetzt aber mußte ich sie am Arm berühren und zum Horchen mahnen, doch mit Schrecken erkennen, daß der Vogel umsonst für sie sang, sie hörte ihn nicht. In diesem Augenblick wurde mir zum ersten Mal bewußt, was es bedeutete, daß der Vater jünger war als die Mutter. Mit ihren klaren blauen Augen sah sie mich fragend an; offenbar konnte sie nicht begreifen, daß ihr Ohr versagte, und als ich sie ganz nah an das Gebüsch heranführte, verstummte der Vogel...« Der Tag des jungen Arztes (II, 551)

101. *Carossa mit Sohn Hans Wilhelm vor dem Seestettener Haus (1910).*

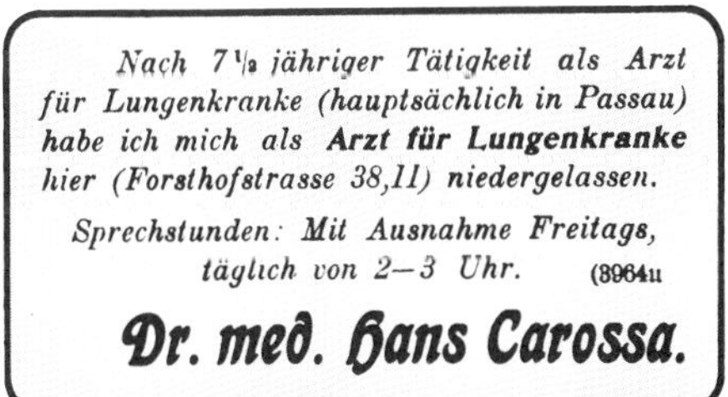

Nach 7½ jähriger Tätigkeit als Arzt für Lungenkranke (hauptsächlich in Passau) habe ich mich als **Arzt für Lungenkranke** *hier (Forsthofstrasse 38,II) niedergelassen.*

Sprechstunden: Mit Ausnahme Freitags, täglich von 2–3 Uhr. (8964u

Dr. med. Hans Carossa.

101a. *Bekanntmachung im »Fränkischen Kurier« vom 12. September 1910*

102. Sankt Lorenz von der Karolinenstraße in Nürnberg (1900).
»... Nürnberg wurde mir deshalb so lieb, weil diese wunderbaren Gassen und Plätze, die mich in seltsame Stimmungen versetzten, auch von echten Kunstwerken durchsetzt waren, deren Strenge mich beruhigte, ein Geländer im dunklen Wandeln durch die Felder der Träume...« (Passau 4. 9. 1911)

103. Max Dietzel (1883-1916) den C. in Nürnberg kennenlernte, Anfang 1916.
»... Mein Freund Max Dietzel, einer der besten treuesten Menschen, der in bösen Jahren immer wieder Freude in mein Leben gesandt hat, ist in den Vogesen gefallen. Ich hatte 2 Monate lang nichts von ihm gehört; auf einmal erhielt ich sein Bild mit ein paar sehr herzlichen Zeilen von ihm und schon 2 1/2 Tage später, von seiner Frau, die Todesnachricht. Er muß das Bild abgesandt und unmittelbar darauf den Tod gefunden haben...«
an Roger de Campagnolle, Januar 1916

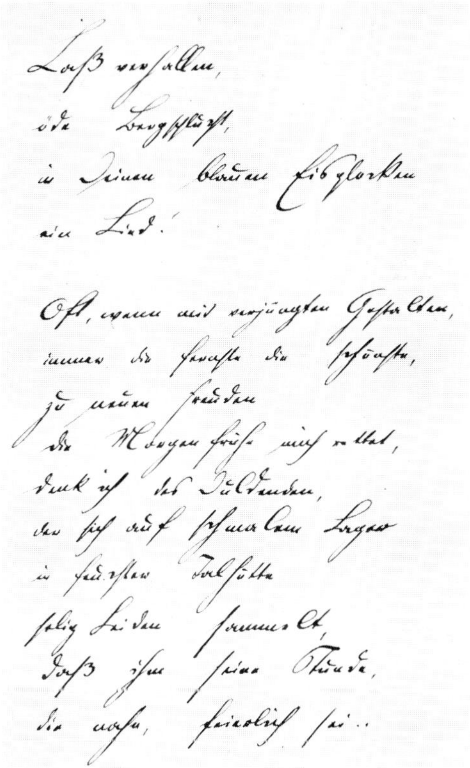
Laß verhallen,
öde Bergschlucht,
in deinen blauen Eisglocken
ein Lied.

Oft, wenn mit verjüngten Gestalten,
immer die fernste die schönste,
zu neuen Freuden
der Morgen frühe mich [illegible],
denk ich des Duldenden,
der sich auf schmalem Lager
in feuchter Holzhütte
selig [illegible] sammelt,
daß ihm seine Stunde,
die nahe, friedlich sei..

104. Frühe Fassung des Gedichts »Todeshymne«
»... Bei einem Ostwind der die Wangen schmerzte, ging ich von der Stadt nach einem nahen Fichtenwald; dort war es windstill und fast warm. Ich ging auf einem breiten Weg wohl eine Stunde lang zwischen schönen Fichten auf und ab und wälzte dabei das Gedicht ›Laß verhallen‹ hin und her ...« (Nürnberg, 25. November 1910)

105. Ernst Bertram (1884-1957)
dessen Verbindung mit Carossa Max Dietzel hergestellt hatte
(Büste von Schwegerle)

»... Seit man in Deutschland Nietzsche zu begreifen angefangen, war die Forderung nach einer höheren Geistigkeit und nach einer neuen tieferen Ehrlichkeit in den Schriften der Jüngeren nicht mehr verstummt. Es ist aber etwas anderes, ob uns eine Lehre nur durch Bücher vermittelt wird oder durch Menschen, die sie zu verkörpern suchen ...« Führung und Geleit (I, 720)

106. Thomas Mann (1875-1955)
auf dessen Werk Carossa 1910 von Max Dietzel
hingewiesen wurde.

»... Schon die ersten Seiten [*der Novelle: Gladius Dei*] ließen mich ein Element spüren, das mir fehlte, das ich brauchte, ein erfrischend nördliches Corrigens zu meiner süddeutschen Art, auf das ich immer zurückgreifen würde. Die Kühle, die Feinheit und Schärfe des außerordentlichen Prosaisten, der unbestechliche Blick, der nichts unbesehen hinnimmt, ... dieses Schlag um Schlag ins schwarze Treffen, dazu der weltmännisch überlegene, mutwillige Tonfall, – dies alles empfand ich wie ein Gegenmittel für meine oft allzu dämmrige Empfindungswelt und für die Scheu vor übergroßer Deutlichkeit, die mir von der Kindheit her anhing ...«

Führung und Geleit (I, 710)

107. Blick auf Passau

»... – o meine Stadt! Warum klopft mir noch heute das Herz bei diesem Anschauen? Wie sich der scharfe granitene Sockel zwischen die zwei zusammentreffenden Ströme hineinspitzt gleich einem Dolch und frei das ganze lastende Geschiebe trägt: Mauern, Bögen, Dächer, eisenbehelmte Türme, zerfressene Gebisse alter Zinnen, alles bang emporgedrängt um den Dom, der sonnengeschwärzte Riesenkuppeln schwer aus dem Himmel prägt!...«
Die Schicksale Doktor Bürgers (I, 127)

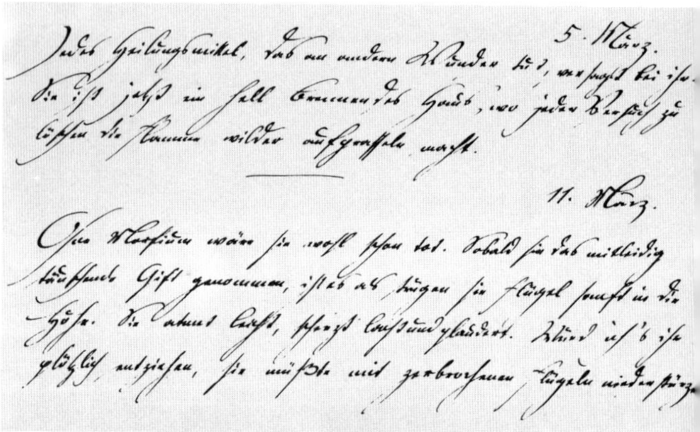

108. Manuskriptseite aus »Doktor Bürgers Ende« (Druckvorlage, 1913).

5. März. Jedes Heilungsmittel, das an andern Wunder tut, versagt bei ihr. Sie ist jetzt ein hell brennendes Haus, wo jeder Versuch zu löschen die Flammen wilder aufprasseln macht.

11. März. Ohne Morfium wäre sie wohl schon tot. Sobald sie das mitleidig täuschende Gift genommen, ist es als trügen sie Flügel sanft in die Höhe. Sie atmet leicht, scherzt, lacht und plaudert. Würd ich's ihr plötzlich entziehen, sie müßte mit zerbrochenen Flügeln niederstürzen.

109. Die Theresienstraße in Passau (um 1910)
»... Ich bin nun wieder in dem ehrwürdigen bischöflichen Passau, für das ich nun doch einmal, wie's scheint, bestimmt bin ... Die Praxis stellt sich auch wieder ein, als wäre ich nicht fortgewesen. Freilich, wenn die schwache Dichterflamme, die vielleicht doch mein besseres Teil ist, nicht hier ersticken soll, so werde ich mich ernstlich zusammennehmen müssen ...« an Roger de Campagnolle, 14. Juli 1911

110. Valerie Carossa (um 1910)

»... In jener Zeit wurde ich zu einer Patientin gerufen, die mich durch Wesen und Erscheinung so besonders ansprach, daß ich sie mit keiner früheren vergleichen mochte. Ihre Gegenwart ließ mich jedesmal stark fühlen, wie sehr ferne meinem eigentlichen Wollen ich mich dahintrieb... Wir heirateten und zogen auf das Land, und damit war auch meine Gesundung eingeleitet...«
Führung und Geleit (I, 690)

111. Im Garten eines Passauer Bekannten (Sommer 1912). Neben Carossa sein Sohn Hans Wilhelm, in der Mitte stehend seine Frau Valerie.

»... Unerträgliche Schreiberei. Noch immer auf Seite 37 [*des ›Doktor Bürger‹*]. Ich presse die Zähne zusammen und gebe noch immer nicht jede Hoffnung auf... Ich werde, mag man dazu sagen was man will, doch wieder von hier fort müssen, nicht um der Freiheit willen (die werd ich nirgends erlangen, wenn kein Wunder geschieht), sondern um wieder ein besserer Mensch zu werden...«

(Passau, Juli 1912)

112. Das Haus Nr. 19 in der Theresienstraße in Passau (um 1912) Am Fenster im 2. Stock Valerie Carossa.

»... Ich ... wohne in einem ganz alten wunderlich gebauten Haus; viele große Zimmer und ein ansehnlicher Vorplatz reden von guten Zeiten wo man beim Bauen den Raum noch nicht sparte ...«
an Roger de Campagnolle, 14. Juli 1911

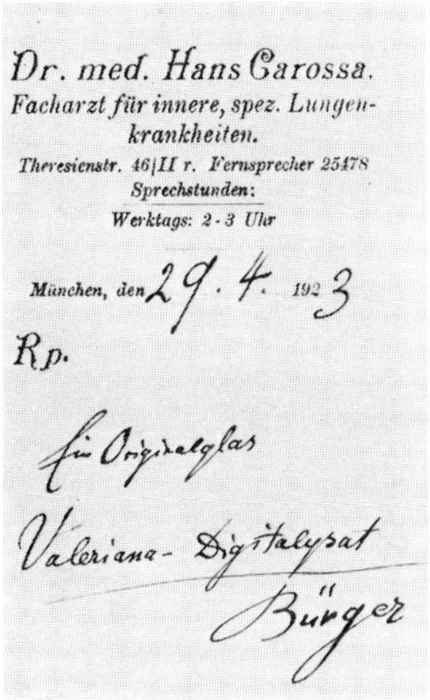

Dr. med. Hans Carossa.
Facharzt für innere, spez. Lungenkrankheiten.
Theresienstr. 46/II r. Fernsprecher 25478
Sprechstunden:
Werktags: 2-3 Uhr

München, den 29. 4. 1923

Rp.

für Originalglas
Valeriana-Digitalysat
Bürger

*113. Valeriana-Digitalysat Bürger (später Recvalysat Bürger)
Diesem Beruhigungsmittel – das Carossa schon in seiner frühesten Arztzeit häufig verordnete – dürfte sein erstes Prosabuch den Titel verdanken.*

*114. Mizzi Habereder (1890-1958) um 1912;
von 1911 bis 1929 Carossas Patientin.*

»... Meine Gedanken sind in dem letzten Jahrzehnt oft zu Ihnen gewandert; es war immer eine so besondere Freude, wenn Sie in meinem etwas düsteren Sprechzimmer erschienen, und Ihre Erscheinung stand in so entschiedenem Widerspruch zu den Äußerungen von Todesfurcht, die ich manchmal aus Ihrem Munde zu hören bekam, daß ich sie vielleicht zu wenig ernst genommen habe...« an Mizzi Habereder, 7. Oktober 1941

115. Hans Carossa 1913/14

»... Denken wir uns nun einen jungen Mann in dem Alter, wo er seine Herzens- und Sinnenfülle soeben mit Entzücken entdeckt hat, plötzlich in einen bürgerlichen Beruf hineingedrängt, der ihn Tag vor Tag zwingt, wahllos mit Bittenden, Hilfebedürftigen jeder Art zu verkehren, an ihren Geschicken den innigsten Antheil zu nehmen, ja, Verantwortung für sie zu tragen, so wird ihn wohl anfangs die ungeheure Lust, zu helfen und zu heilen, völlig berauschen; er wird vielleicht den Träumer belächeln, der er kurz vorher war. Das kann aber nicht ewig dauern... Er wird zuletzt eher bei hundert Anderen zu Hause sein als bei sich selbst. Je mächtiger das Gefühl seines hohen Ursprunges anfangs in ihm war, desto banger wird ihm allmählich werden. Und wenn ihm die Philister sagen, das Wichtigste bleibe stets, dem Leben gewachsen zu sein, so wird er sich vielmehr fragen, ob die Seele nicht viel zu herrlich sei für solch ein dumpfes, ohne Einklang abschnurrendes, an Tausende verspieltes Leben...«

Selbstanzeige Carossas für »Doktor Bürgers Ende« (aus »Die Zukunft, 22. Jahrg. 13. Juni 1914)

116. Franz Werfel (1890-1945),
den Carossa im Herbst 1913 in Leipzig besuchte.
»... fahre ich zu Werfel, finde ihn noch im Bett. Er ist ein Mensch, den jeder sofort lieben muß. Mächtiges Haupt mit schöner Stirn, blaue große, wie es scheint etwas kurzsichtige Augen, eine sanfte Stimme...« (Leipzig, Oktober 1913)

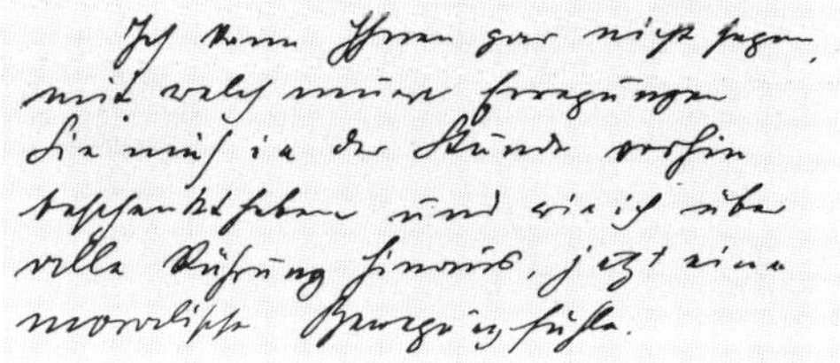
Ich kann Ihnen gar nicht sagen,
mit welch neuen Erregungen
Sie mich in der Stunde vorhin
beschenkt haben und wie ich über
alle Rührung hinaus, jetzt eine
moralische Bewegung fühle.

117. aus einem Brief von Franz Werfel über »Die Schicksale Doktor Bürgers« (1913).
– Ich kann Ihnen gar nicht sagen, mit welch neuen Erregungen Sie mich in der Stunde vorhin beschenkt haben und wie ich über alle Rührung hinaus, jetzt eine moralische Bewegung fühle –

118. Karl Wolfskehl (1869-1948) um 1914, in dessen Haus in München Carossa damals regelmäßig verkehrte.

»... In der Mitte des Raums [*im Münchner Café Stephanie*] erhob sich zuweilen das kühne dunkellockige Haupt eines bleichen, seherisch redenden Mannes, der im Ausdruck dem zürnenden Moses des Michelangelo nicht unähnlich war, bis er auf einmal eine schwarzumrandete Brille aufsetzte, dann war es der damals noch vollbärtige Karl Wolfskehl ...« Aufzeichnungen aus Italien (I, 919)

119. Das Haus Nr. 46 in der Theresienstraße (Ecke Türkenstraße) in München, in dessen 2. Stock Carossa vom September 1914 an Praxis- und Wohnräume gemietet hatte.

»... Trotz allem bin ich froh, daß ich den Entschluß zur Übersiedlung gefunden habe. Die Praxis ist zwar noch ungenügend; denn jetzt denkt niemand an sich, sondern Jeder nur an die, die im Felde stehen; aber es wird schon noch besser werden und in Passau wäre ich in Müdigkeit und Trübsinn untergegangen ...«

an Alfred Kubin, 9. Dezember 1914

120. Maximilian Brantl (1881-1951) um 1914.
»... lernte ich im Hause Wolfskehl einen jungen Mann kennen, der mir zunächst nur durch die romanisch-dinarische Schönheit seines Gesichts und einen überaus geschmackvollen Anzug auffiel. Es war Maximilian Brantl, Sohn aus gutem, altem Bürgerhause, der eben Rechtsanwalt geworden war...«
Führung und Geleit (I, 692)

121. Regina Ullmann (1884-1961)
in ihrem Burgzimmer in Burghausen (1915).
»... Hab... eine Dichterin kennengelernt, deren Reichtum und Reinheit ungewöhnlich sind, Regina Ullmann, eine Freundin Rilkes, fast klösterliche Erscheinung, etwas unbehilflich, nicht schön und nicht mehr jung, aber so glühend in sich selbst lebend, daß man zuweilen betroffen wird...«
an Alfred Kubin, 29. Mai 1914

122. Lou Andreas Salomé (1861-1937)
Carossa lernte sie durch Rilke kennen.
»... von ihr [*Lou*] könnte man allerlei lernen, wenn man noch belehrsamer wäre ...« an Lo Schoenberner, Oktober [1928]

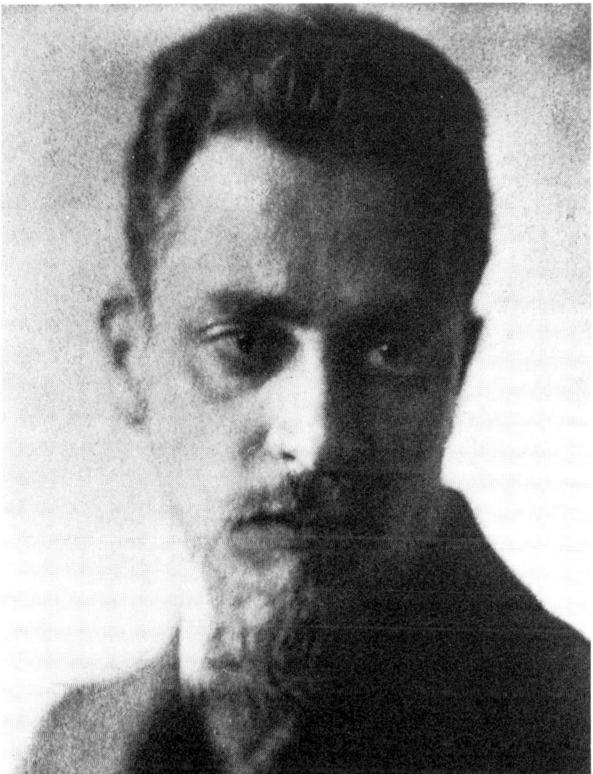

123. Rainer Maria Rilke (1875-1926) 1902.
»... Je näher ich kam, um so stärker fiel mir das Erloschene seines Gesichtes auf; ein großer Waldvogel, den ich einmal sterben gesehen, hatte mir einen ähnlichen Eindruck hinterlassen...
... Seine Augen waren sehr blau in dieser Minute; ein Blick voll hellen Lichtes kam aus ihnen, ein Blick, der auf einmal knabenhaft vergnügt und unbeschreiblich sanft war...«
Führung und Geleit (I, 725)

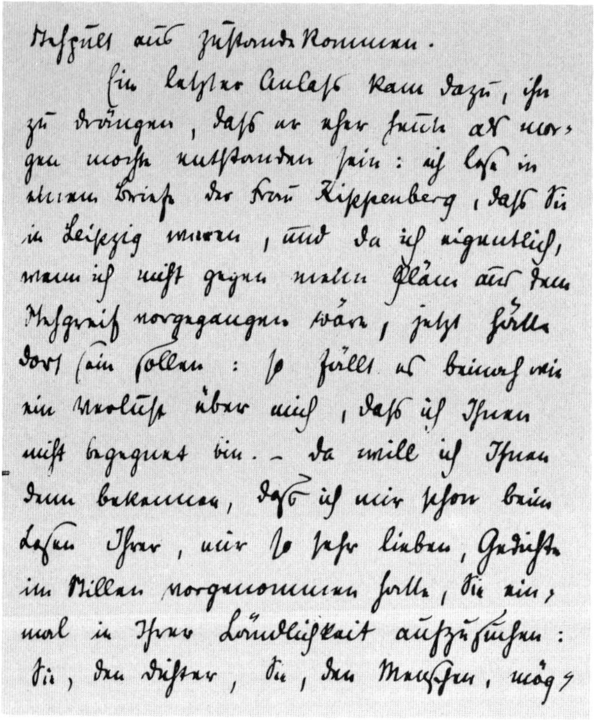

Aufschub aus zustande kommen.
Ein letzter Anlass kam dazu, ihn zu drängen, dass er eher heute als morgen möchte entstanden sein: ich lese in einem Brief der Frau Kippenberg, dass Sie in Leipzig waren, und da ich eigentlich, wenn ich nicht gegen meinen Plänen auf den Angriff vorgegangen wäre, jetzt hätte dort sein sollen: so fällt es beinah wie ein Vorwurf über mich, dass ich Ihnen nicht begegnet bin. – da will ich Ihnen denn bekennen, dass ich mir schon beim Lesen Ihrer, mir so sehr lieben, Gedichte im Stillen vorgenommen hatte, Sie ein-mal in Ihrer Ländlichkeit aufzusuchen: Sie, den Dichter, Sie, den Menschen, mög-

124. Aus einem Brief Rilkes an Carossa vom 13. November 1913.

Krieg und Münchner Zeit
(1916-1932)

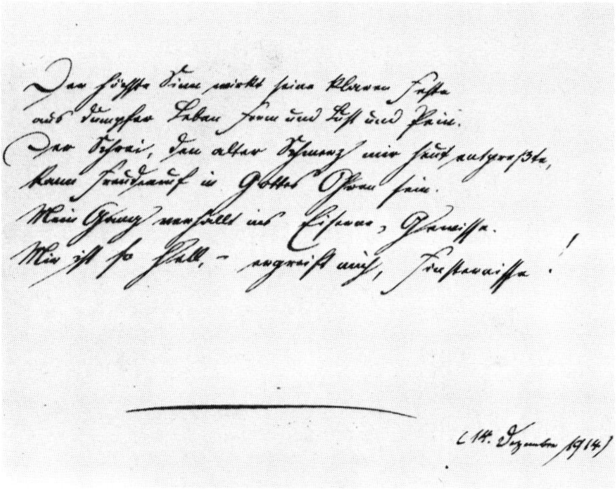

125. Der Schlußabsatz des Gedichts »Die Flucht«
(Nicht endgültige Fassung).

Der höchste Sinn wirkt seine klaren Feste
aus dumpfer Leben Form und Lust und Pein.
Der Schrei, den alter Schmerz mir heut entpreßte,
kann Freudenruf in Gottes Ohren sein.
Mein Gang verhallt ins Eiserne, Gewisse.
Mir ist so hell, – ergreift mich, Finsternisse!

(14. Dezember 1914)

126. Die Kaserne in Augsburg, in der Carossa seine militärische Ausbildung erhielt.

»... Allmählich gewöhne ich mich an den straffen Betrieb. Ich bin bei der Truppe selbst (nicht im Lazarett) und stehe natürlich in ständigem Verkehr mit dem Regiment, doch habe ich keinen eigentlichen militärischen Rang...« an Maximilian Brantl, 13. September 1915

127. Carossa vor seinem ersten Einsatz an der Front (Sommer 1916).

»... Mein Herz weissagt nichts so Schlimmes. Verloren kann ich nur in dem Augenblick sein, wo es mir nicht mehr gelingt, mich frei zu bewahren, allem, was geschieht, wie einem großen Abenteuer gegenüberzustehen. Wo ich dies nicht kann wird das System, dem ich mit manchem Vorbehalt diene, mich auflösen und zerstören. Ich muß mir aus dem gräßlichen Wohnort dieses Ungeheuers einen von ihm behüteten kostbaren Schatz holen ...«
(Herbst 1916)

128. Maria Demharter (1890-1965).
Sie lebte damals auf dem Hof ihrer Eltern in Göggingen und war Lehrerin in Augsburg. Carossa lernte sie 1916 kennen und blieb mit ihr zeitlebens herzlich befreundet.
»... Im nahen Göggingen fand ich Freunde, frohe, gute, bäuerlich gesicherte Menschen, die mir noch einmal ein unversehrbares Deutschland vor die Seele zauberten, so daß ich den ernsten Zweck meines Aufenthalts zeitweilig nahezu aus den Augen verlor ...«
Führung und Geleit (I, 724)

129. *Galizische Bauern auf der Flucht (1916).*

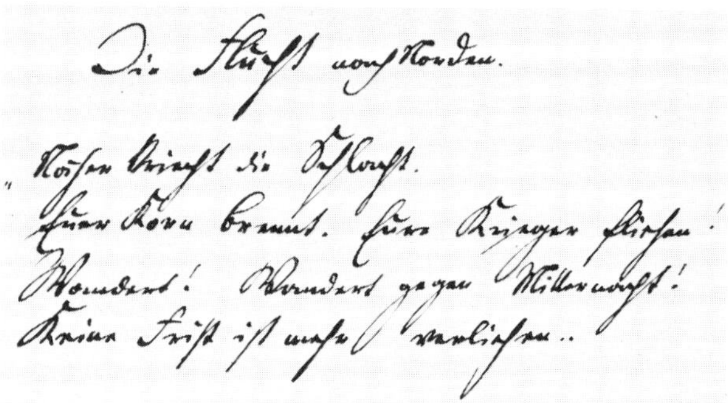

Die Flucht nach Norden.

„Näher [illegible] die Schlacht.
Euer Korn brennt. Eure Krieger fliehen!
Wandert! Wandert gegen Mitternacht!
Keine Frist ist mehr verliehen..

130. *Anfangsstrophe aus der ersten erhaltenen Fassung des Gedichts.*

Näher qualmt die Schlacht!
Euer Korn brennt! Eure Krieger fliehen!
Ihr müßt wandern gegen Mitternacht,
Müßt ins Tal des Ursprungs ziehen!

. . . . . .

(endgültige Fassung)

131. Dorfstraße in Kézdi-Almás, Rumänien.
»... So kriegen Sie heut nur diese schon etwas schmutzige Karte mit einer Aufnahme unseres Divisionsphotographen; ich habe sie mir noch immer aufgehoben, weil das die Dorfstraße von Kézdi-Almás ist, in welcher sich die Geschichte mit der kleinen Katze (Matschka) abspielte...« an Lo Schoenberner, 2. März 1929

132. Die Berge Vadas, Pieritzke und Carunta im Sultatal (1916).
»... Neue Berge hatten sich erhoben, zunächst ein breiter, schwarz bewaldeter, der das Tal östlich absperrt. Er heißt Vadas; die Russen sollen sich vorgestern auf seinem Gipfel verschanzt haben...«
Rumänisches Tagebuch (I, 492)

133. Die zweite Seite des russischen Taschenkalenders für das Jahr 1916.

»... Österreichische Pioniere hatten einen bequemen Knüppelweg bis zum Gipfel des Berges Pieritzke gebaut, und an einem unbewölkten Tage begann ich nach Tisch den Aufstieg. ... ich hatte den Fuß gerade auf das Herz des Toten gesetzt... Aus einer Seitentasche des Gefallenen sah der Schnitt eines Büchelchens hervor, das noch leidlich erhalten war. ... Auf der zweiten Seite stand aufrecht ein großes rotes Osterei, darüber links bronzefarben das gekrönte Wappen der Romanows und die Jahreszahl 1916. Kleine mattgraue Nachdrucke jener altrussischen Heiligenbilder, die in Wirklichkeit mit feurigen Farben auf Goldgrund gemalt sind, schmückten die nächsten Blätter... Ich nahm das Kalenderchen zum Gedächtnis mit und verwahrte es in der Brieftasche...«

Führung und Geleit (I, 757/8)

134. Verschneite Stellung am Berg Vadas in Rumänien, Winter 1916/17.

»... Einzug in den kleinen finsteren Unterstand. Ein Winter, wie am Ende der Welt. Nußhäher im Schnee. Keine Post. Zum Essen beim Stab. Tiefe Abgeschiedenheit. Sparsamkeit mit Kerzen. Die Russen schießen Jeden nieder, der den Graben verläßt...«
(18. 12. 1916)

135. Das Sanitätsgepäckpferd »Maxl«, das zu Carossas Bataillon gehörte, Winter 1916/17, Berg Vadas.

». . . Jetzt liegen wir seit fast vier Wochen auf einem hohen finsteren Berge, dem Vadas, den Russen gegenüber; sie halten die Kuppe noch, sind äußerst stark verschanzt und uns an Kräften weit überlegen. Seit mehr als vier Wochen hab ich kein lebendes Wesen gesehen als Soldaten, Deutsche, Polen und Ungarn; nur ein Nußhäher taucht manchmal im verschneiten Wald vor einem auf und nimmt sich fast traumhaft aus. Die Gegend ist von einer unheimlichen Düsterheit, Wald und Stein und ein äußerst wachsamer Feind, russische Elite-Regimenter mit ganz bösartigen Baumschützen . . .« an Roger de Campagnolle, 4. Januar 1917

136. Pater Rupert Mayer S. J. (1876-1945)
als Regimentsgeistlicher 1916.

»... Es gibt Physiognomien, die verraten, daß ihr Träger einmal vor einer Kreuzung mehrerer Wege gestanden hat, und je nachdem er einen weiterging, formte sich der ganze Mensch der Erde oder dem Lichte zu. Hier nun hatte sich eine Verbindung von Priester- und Soldatentum ergeben, die mir in so geistig-natürlicher Form durchaus neu war. Man fühlte einen Menschen, dem es nicht mehr schwer sein konnte, auch die härtesten Gelöbnisse zu halten. Auch wenn mein Begleiter es nicht erwähnt hätte, daß dieser Pater Rupert Mayer dem Orden der Gesellschaft Jesu angehöre, wäre mir Ignatius von Loyola in den Sinn gekommen ...«
Führung und Geleit (I, 740)

137. Schäferhütten am Rande des Dorfes Sóstelek im Sultatal, Siebenbürgen (Winter 1916/17).
(In einer der Hütten wurde der verwundete Regimentsgeistliche Pater Rupert Mayer von Carossa verbunden)

»... er deutete auf eine der grauen Schäferhütten, die sich in jenen Waldgebirgen überall finden; dorthin habe man den Verwundeten gebracht... Durch zwei kleine Luken ging der Blick zu einem dem Feinde ziemlich verborgenen Pfad hinüber, der auf halber Höhe des Hanges nach dem Dorf Sóstelek führte. Teils war er durch natürliche Bewaldung, teils durch eingesetzte Bäumchen maskiert, und seit wir die Stellung am Vadas hielten, hatte sich der ganze Verkehr dort abgespielt. Von einer völligen Deckung war freilich die Rede nicht... Während ich durch Einspritzungen das matt pochende Herz des Geistlichen zu stärken suchte, war ich mir darüber im klaren, daß jede nächste Sekunde dem Blockhäuschen und seinen Insassen ein Ende machen konnte...«

Führung und Geleit (I, 742-744)

139. Max Mell (1882-1971)
dem Carossa in der östlichen Bukowina bei der Besichtigung neuer Geschütze zufällig begegnete.

»... Dabei fiel mir ein junger Fähnrich auf, dessen zarte Gestalt im Schatten der enormen Mordmaschine fremdlinghaft anmutete; sein schmales blasses Gesicht mit ernsten, dunklen, versonnenen Augen kam eher einem jungen Priester zu als einem Soldaten. Da er aber seinen Namen nannte, gab es ein großes freudiges Erstaunen; es war der Dichter Max Mell...« Führung und Geleit (I, 767)

138. Carossa am Berg Faltueanu in Rumänien, Juni 1917.

»... Jetzt ist Ruhe, und ich habe gute Tage mit sehr viel freier Zeit. Ja mir ist hier innerlich stiller zumut als wenn ich irgendwo zuhause säße, wo man sich über die Weltbegebenheiten viel mehr den Kopf zerbricht als hier...« an Alfred Kubin, 23. Juni 1917

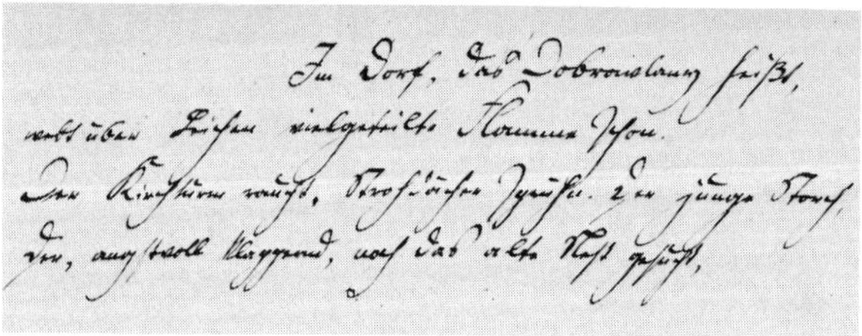

140. *Dach eines Bauernhauses in dem Dorf Dobrowlany (1917)*
Im Dorf, das Dobrowlany heißt, webt über Leichen vielgeteilte Flamme schon. Der Kirchturm raucht, Strohdächer sprühn. Der junge Storch, der, angstvoll klappernd, noch das alte Nest gesucht,

141. Biwakieren in den Wäldern um Glitt (Bukowina) September 1917 (ganz links Carossa).

»... Gegen 3/4 4 Uhr kommt Befehl, daß wir in diesem Walde westlich von Lichtenberg biwakieren. Sogleich erklingt der Wald vom Fällen der Stämme, Behauen der Äste wie einst in Siebenbürgen. Bald sind Zelte aufgeschlagen, Feuer lodern, Kochstellen sind hergestellt ...«

(11. 9. 1917)

142. Carossas Verbandplatz in Jonkershove (Flandern) Spätherbst 1917.

»... Früh nach Jonkershove. Vier Ärzte in kleinem Unterstand in zerstörtem Hause. Zwei Häuser voll Leichen. Verwundete kommen, einer stirbt sogleich. Der klare Himmel umzieht sich. Hilfsarzt K. wird abgerufen. Zahlreiche Kranke und Verwundete. Der vorhin erwähnte warf sich wie ein Wahnsinniger hin und her und schrie: ich will sterben. Er lebte hierauf noch drei Minuten. Zwei zerstörte Häuser nebenan liegen voll Toter...«
(28. 10. 1917)

143. Die Gegend zwischen Dixmuiden und dem Houlthulster Wald 1917/18.

»... wir sind in Flandern, nahe dem Houlthulster Wald, in sehr trauriger Landschaft: schwere tief herabhängende Wolken, aus denen zuweilen fahle Leuchten über einer wahrhaft grauenvollen Zerstörung stehen. In der klaren rauhen Luft der östlichen Berge habe ich mich selbst als einen klarer und besser Werdenden empfunden; hier aber lebe ich in einer ständigen Betäubung und warte und warte – auf was weiß ich nicht ...« an Maria Demharter, 25. November 1917

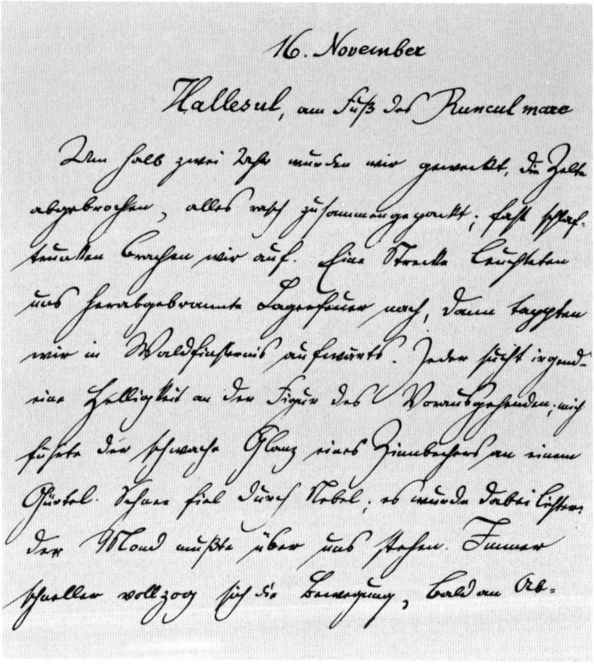
16. November
Hallesul, am Fuß des Runcul mare
Um halb zwei Uhr wurden wir geweckt, die Zelte
abgebrochen, alles rasch zusammengepackt; fast schlaf-
trunken brachen wir auf. Eine Strecke leuchteten
uns herabgebrannte Lagerfeuer nach, dann tappten
wir in Waldfinsternis aufwärts. Jeder suchte irgend-
eine Helligkeit an der Figur des Vorausgehenden; mich
führte der schwache Glanz eines Zinnbechers an einem
Gürtel. Schnee fiel durch Nebel; es wurde dabei lichter,
der Mond mußte über uns stehen. Immer
schneller vollzog sich die Bewegung, bald an Ab-

144. *Seite aus der Druckvorlage zum »Rumänischen Tagebuch« (1924).*

145. Die Türkenkaserne in München (um 1914).
»... hier hatte, infolge der unangenehmen Lage meiner Wohnung (in der Türkenkaserne, meinem vis à vis, stand hinter jedem Fenster ein M.G.) die Praxis nahezu völlig aufgehört...«
an Maria Demharter, Sommer 1919

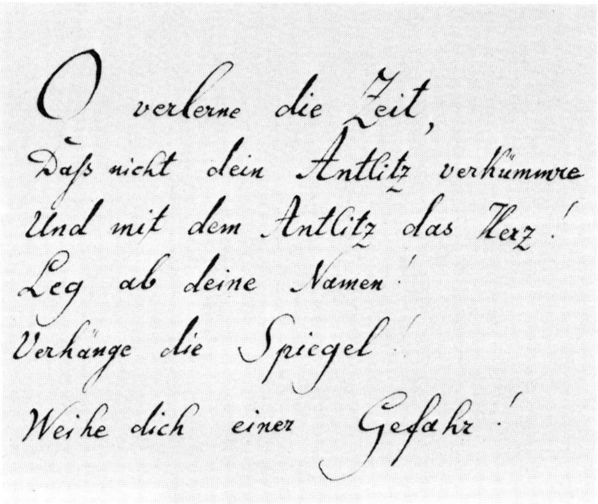

O verlerne die Zeit,
Daß nicht dein Antlitz verkümmre
Und mit dem Antlitz das Herz!
Leg ab deine Namen!
Verhänge die Spiegel!
Weihe dich einer Gefahr!

146. *Erste Strophe des Gedichts (endgültige Fassung von 1918).*

147. Hans Carossa (um 1922).
»... Im übrigen wird... mehr als je der Sinn auf das gerichtet, was vor, nach und über allen Revolutionen und Monarchien war, ist und sein wird...« an Maximilian Brantl, 1. Mai 1919

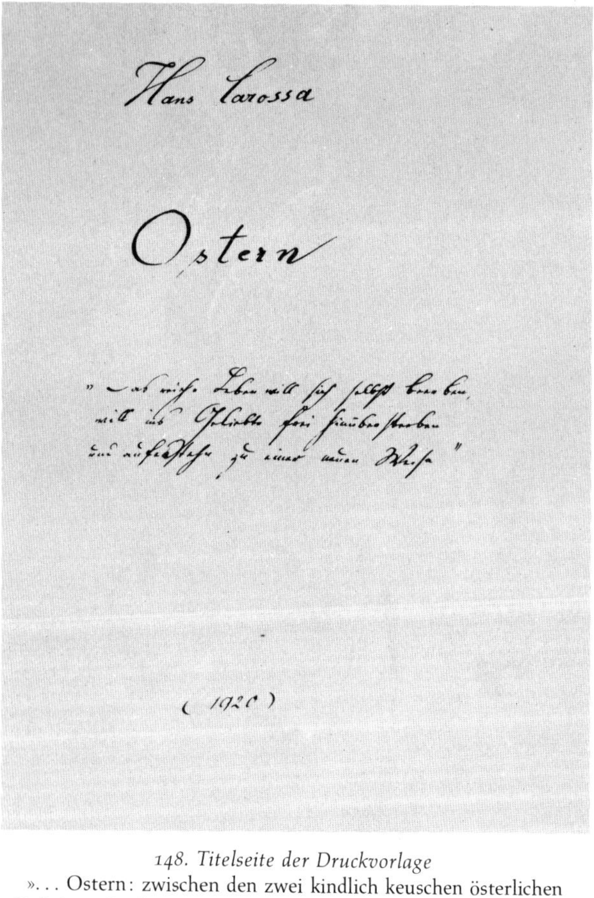
Hans Carossa

Ostern

(1920)

148. Titelseite der Druckvorlage

»... Ostern: zwischen den zwei kindlich keuschen österlichen Gedichten [›*Fahrt*‹ *u.* ›*Das Städtlein auf der Hand des Heiligen*‹] eingeschränkt bewegt sich das übrige Leben. Der Geist des Ganzen aber ist Auferstehung...« (21. 3. 1918)

149. Lo Schoenberner (1890-1976) um 1920.
Carossa blieb mit ihr, die er 1921 durch Lou Andreas Salomé kennen lernte, zeitlebens befreundet.
»... Du bist stärker dämonisch als fast alle Menschen, die mir bis heute begegneten ...« an Lo Schoenberner, September 1921

150. Paul Ernst (1866-1933) um 1920.
Carossa lernte ihn nach dem Kriege kennen und wurde auch als Arzt in seiner Familie herangezogen.
»... Am Sonntag bin ich zu Paul Ernst gepilgert; das ist ein Mensch, den kennen zu lernen der Mühe wert ist...«
an Maria Demharter, 10. September 1919

151. *Albrecht Schaeffer (1885-1950) etwa 1925, mit dem Carossa in diesen Münchner Jahren verkehrte.*

»... Im Urlaub hatte ich lauter Regentage und allerlei Dichterbesuche, darunter einen, der mich überraschte und freute, Sie kennen seinen Namen kaum, Albrecht Schäffer...«
an Roger de Campagnolle, 16. April 1917

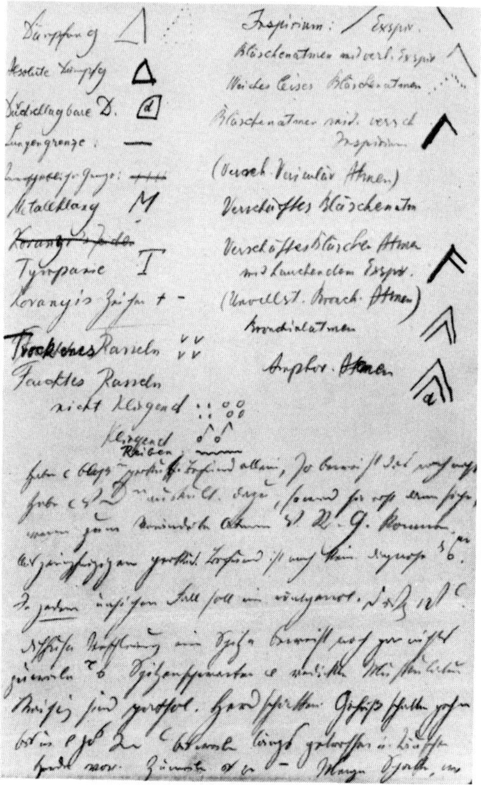

152. Notizen die sich Carossa im Oktober 1922 während eines ärztlichen Fortbildungskurses an der Münchner Universität machte.
»... Mir kehrte das verlorene Gleichgewicht nach und nach wieder, als ich anfing, die breitgewordenen Lücken meines ärztlichen Wissens auszufüllen...« Führung und Geleit (I, 780)

153. Umschlag der Erstausgabe (1922).

154. Der Pfarrhof von Mariakirchen in Niederbayern.
»... ich gehe dann zu einem Dorfpfarrer, der früher mein Patient war und mich lebhaft einlädt. Ein Pfarrhof hat, glaub ich, gerade die Luft, die ich jetzt brauche...« an Felix Braun, 22. August 1922

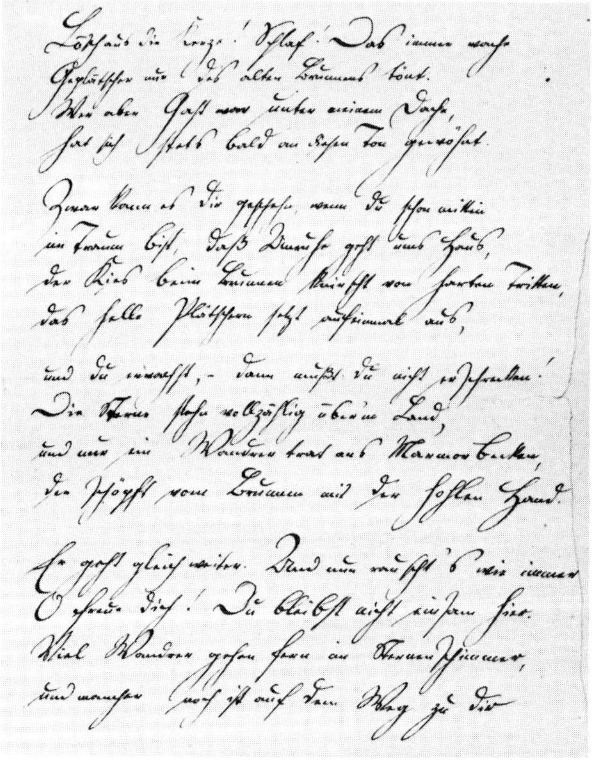
Lösch aus die Kerze! Schlaf! Das immer wache
Geplätscher nur vom alten Brunnen tönt.
Wer aber Gast war unter meinem Dache,
hat sich stets bald an diesen Ton gewöhnt.

Zwar kann es dir geschehn, wenn du schon mitten
im Traume bist, daß Unruh geht ums Haus,
der Kies beim Brunnen knirscht von harten Tritten,
das helle Plätschern setzt auf einmal aus,

und du erwachst, – dann mußt du nicht erschrecken!
Die Sterne stehn vollzählig überm Land,
und nur ein Wandrer trat ans Marmorbecken,
der schöpft vom Brunnen mit der hohlen Hand.

Er geht gleich weiter. Und nun rauscht's wie immer
O freue dich! Du bleibst nicht einsam hier.
Viel Wandrer gehen fern im Sternenschimmer,
und mancher noch ist auf dem Weg zu dir

155. Das Gedicht »Der alte Brunnen«
in nicht endgültiger Fassung für Hugo von Hofmannsthal –
zu dessen 50. Geburtstag – abgeschrieben.

Der alte Brunnen

Lösch aus dein Licht und schlaf! Das immer wache
Geplätscher nur vom alten Brunnen tönt.
Wer aber Gast war unter meinem Dache,
Hat sich stets bald an diesen Ton gewöhnt.

Zwar kann es einmal sein, wenn du schon mitten
Im Traume bist, daß Unruh geht ums Haus,
Der Kies beim Brunnen knirscht von harten Tritten,
Das helle Plätschern setzt auf einmal aus,

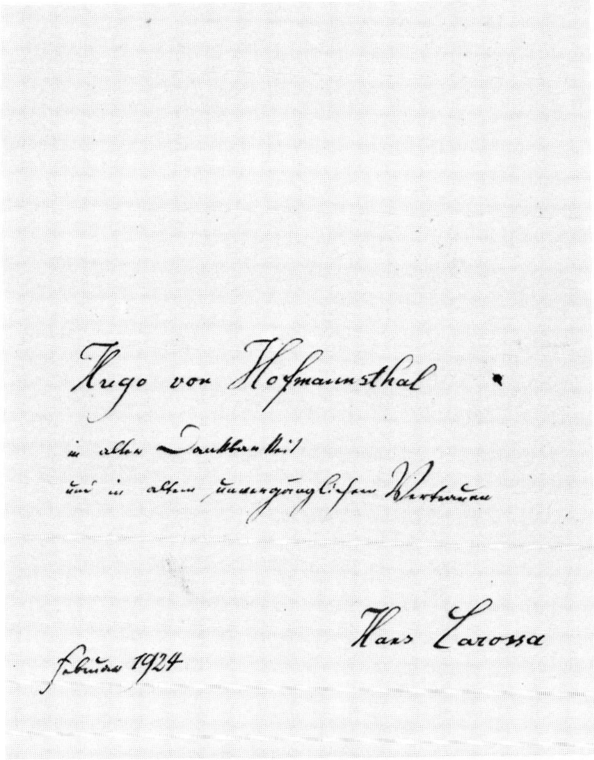
Hugo von Hofmannsthal

in alter Dankbarkeit

und in altem unvergänglichem Vertrauen

Hans Carossa

Februar 1924

Und du erwachst, – dann mußt du nicht erschrecken!
Die Sterne stehn vollzählig überm Land,
Und nur ein Wandrer trat ans Marmorbecken,
Der schöpft vom Brunnen mit der hohlen Hand.

Er geht gleich weiter, und es rauscht wie immer.
O freue dich, du bleibst nicht einsam hier.
Viel Wandrer gehen fern im Sternenschimmer,
Und mancher noch ist auf dem Weg zu dir.

(endgültige Fassung)

156. Carossa (um 1923)

»... ich hatte diesen ganzen Münchner Winter und Sommer keinen Tag, an dem ich wirklich meines Lebens froh geworden wäre. Meine ärztliche Leistung wäre für einen anderen durchaus nicht sonderlich groß, – für mich aber und meine sensiblen Nerven, die so ungemein leicht zum Schwingen zu bringen sind, ist sie viel viel zu groß. Können Sie es nun wirklich nicht begreifen, daß ich in einer ständigen Abwehrstellung lebe ...« an Dora Brandenburg-Polster, 9. September 1922

STEINICKE-SAAL

ADALBERTSTRASSE 15 FERNSPRECHER 20102

Mombert-Abend.

I.

Hans Carossa

liest aus den Werken von Alfred Mombert

II.

Armin Knab: Mombert-Lieder,

gesungen von **Gertrud Full** (Sopran)

Am Flügel: Hans Osberger

1. Schlafend trägt man mich
2. Weiße Schafe
3. Halb im Traum
4. Winterabend
5. In erster Morgenfrühe
6. Schwarze Zweige blättern stumm mich zu
7. Ich glaube, du wirst jetzt bald hochstehn

8. Oh hell erwacht
9. Mich besingt die Zeit mit Schall
10. Das ist nicht Zeit
11. Auf meinen Höhen sitzend
12. Hier ist ein Gipfel

157.

»... Mombert kennen lernen soll und kann er [*der Hörer*] durch diese Vorlesung nicht, aber der Wunsch ihn kennen zu lernen, soll in ihm entbrennen...« an Gertrud Full, 1. Dezember 1925

158. Der Stachus in München mit dem Nornenbrunnen.
»... Kühlung sprühte von drei Brunnenbecken, die wie Kleeblätter an einer kunstreich geformten steinernen Mitte hafteten. Hier standen hoch drei graue Riesenfrauen aus Granit, gesenkten Hauptes die eine, die anderen in verschiedene Himmelsrichtungen schauend, und alle drei lehnten an einer gewaltigen Schale, aus welcher, ebenfalls dreifach, in gläserner Biegung, das Wasser herabstieg. In der Nähe, steil aufgerichtet, ragte ein Fernrohr, bewacht von einem Knaben, der, auf einem Schemel sitzend und Zigaretten rauchend, gegen ein Entgelt von ein paar Pfennigen die Leute zum Beschauen der Sonne einlud...«
Der Arzt Gion (I, 222)

159. Der Fernrohrmann am Stachus (etwa 1925)
das Urbild des Sterngucker-Toni im Arzt Gion.
»... Am Tage vor meiner Übersiedlung nach Seestetten kam ich zufällig noch einmal über den Stachus, und richtig stand das Fernrohr da, bei ihm der freundliche blasse Mann, der mir schon oft Sonnenflecken und Spektrum gezeigt hatte und nicht ahnte, daß ich ihn heimlich zum Knaben verjüngt habe...« an Felix Braun, 3. November 1929

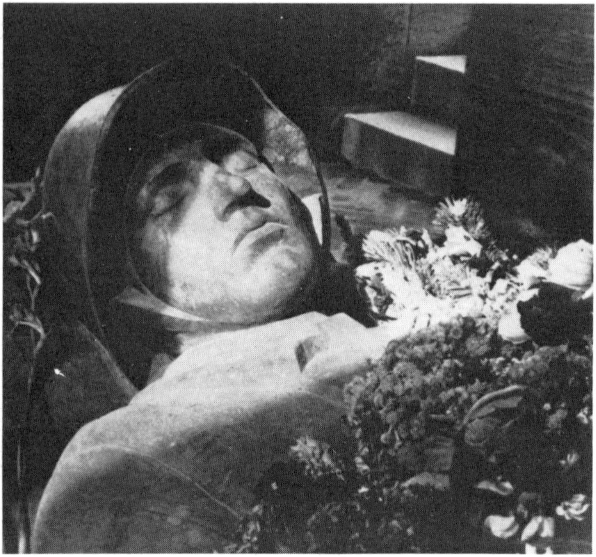

160. »Der unbekannte Soldat« von Bernhard Bleeker im Münchner Kriegerdenkmal.

»... am Boden hingestreckt, aus rötlich-braunem Stein gehauen, liegt hier der tote Soldat, ein Gedächtnisbild aller Gefallenen. Überlebensgroß ist die Gestalt; noch im Tode bewahrt sie eine Art von dienstlicher Haltung; das Gesicht, fast knabenhaft unter dem riesigen Sturmhelm, spricht letzte Ergebung aus ...
... Der Arzt ... der sich ungern an den Krieg erinnern ließ, der an das Gemeinsam-Herrliche aller Völker glaubte und sich täglich dazu anhielt, gleichsam nur noch nach Sonnenaufgang hinzudenken, er wußte keine Stelle, die er in Stunden innerer Beunruhigung lieber aufgesucht hätte als diese symbolische Gruft ...«
Der Arzt Gion (I, 219)

161. Stefan George

Diese Aufnahme zum 60. Geburtstag Stefan Georges (aus dem Fotoatelier Theodor Müller Hilsdorf) war im Jahr 1928 im Schaukasten des Geschäfts in der Amalienstraße ausgestellt.

»... Wenn uns das Bild eines geliebten, verehrten Menschen unvermutet irgendwo begegnet, so empfinden wir ihn im Augenblick als einen Abgeschiedenen, und zwar um so stärker, je lebensechter die Wiedergabe ist. Alle die herzlich preisenden Worte, die wir ihm hätten sagen sollen und nicht gesagt haben, fallen uns dann ein und brennen im Herzen. So ging es dem jungen Arzt, als ihn der große Dichter und Denker nun aus befremdender Umrahmung heraus ansah, und er mußte sich eingestehen, daß er lange nicht mehr in den Büchern gelesen hatte, denen er einst so viel Freude, so viel Führung schuldig geworden war. Seine Beschämung wuchs im Anschauen des treulich dargestellten Hauptes; es ließ den stolzen Geist erkennen, wie er sich wehrte gegen die schlimme Zeit, die er in drohend schönen Psalmen selbst vorausgesagt hatte; das noch jugendlich gewellte Haar war weiß geworden über der altersklaren Stirn, das früher schmerzlich zarte Antlitz zu löwenhafter Gedrungenheit umgeformt...« Der Arzt Gion (I, 227)

162. Hedwig Kerbers Waldhaus in der Nähe von Rittsteig (etwa 1925).

»... dann gibt es, wie ich hoffe, ein Wiedersehen, vielleicht einen Besuch in Ihrem Häuschen, das mich auf dem Bild unsagbar anheimelt...« an Hedwig Kerber, 28. März 1927

163. Hedwig Kerber (1895-1956) um 1925,
die Mutter von Carossas Tochter Eva und später seine zweite Frau.
»... Von der Seite betrachtet, ist sie Magd, von vorne Herrin; aber vom ersten Augenblick an glaubt man an das reine, tätige, hilfreiche Wesen, das ihr die Bevölkerung nachrühmt. Bäuerlich kantige, fast verwegene Züge gehen mit kindlich unerfahrenen ganz natürlich ineinander, und wundersam ist es, von der schroffen Stirn auf die gutmütigsten Hände niederzusehen...«
Geheimnisse des reifen Lebens (I, 516)

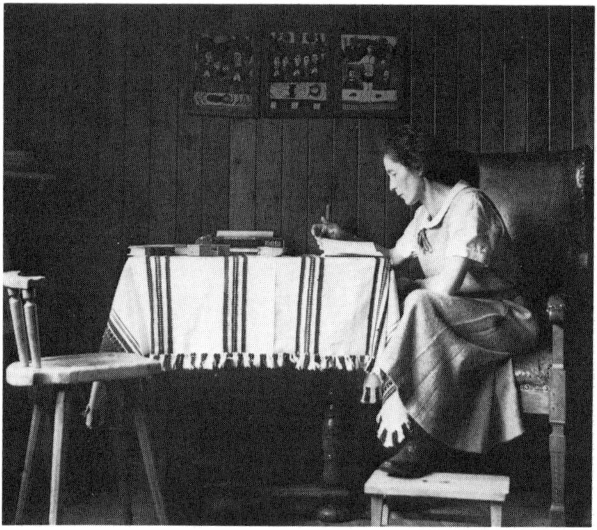

164. Therese Schmidmayer (1893–1982) um 1932 in ihrem Arbeitsraum; Carossa lernte die mit Hedwig Kerber befreundete Bildhauerin 1927 kennen.

»... Für Eines aber, ein bisher nicht in diesem Grad Erlebtes, muß ich Ihnen einen besonders freudigen Dank sagen: es ist die Weisheit und Innigkeit, mit der Sie ein Wesen wie Cynthia gesehen und erkannt haben... denn an dieser Gestalt ist kein Zug, dem nicht eine Beobachtung zugrunde liegt... Eine solche Figur als Symbol anzusehen, dazu sind ja nur ganz wenige fähig...«
an Mien Theissen, 24. März 1935

165. Lindenholzplastiken von Therese Schmidmayer.
»... Beklommen überblickte der Besucher die Figuren, die er allzugut kannte, und mehr als je erfüllten sie ihn mit Sorge. ... der Genius des Lebens... versagte diesen Kunstgestaltungen seinen letzten Segen. Zwar ging ein Bann von ihrer Gesamtheit aus, um so stärker, da sie sich sonderbar ähnlich sahen, und man ahnte das herbe messianische Fühlen, das ihre Schöpferin ihnen einzuhauchen bemüht war. Dennoch fehlte jedem dieser Gebilde etwas, eine feine letzte Entwicklung, die Möglichkeit eines Lächelns. Weder ganz männlich noch ganz weiblich, hatten sie die Haltung weithergekommener Wanderer mit Gesichtern mißmutiger Embryonen, so kindlich-schläfrig, so greisenhaft-nachdenklich, als hätten sie einmal ein schönes Reiseziel gewußt und könnten sich nicht mehr daran erinnern...« Der Arzt Gion (I, 206)

166. Hans Carossa (1927)

»... Die Zähigkeit, mit welcher ich aus dem ärztlichen Treiben in die Schrifttumswelt hinüberdrängte, fand nicht überall Billigung, am wenigsten bei meinen Patienten... Der Verkehr mit Kranken und ihrer Umwelt hatte mir manchen tiefen Blick ins Menschliche aufgetan, in Abgründe des Leidens, der Liebe, des Hasses, der Verzweiflung; aber das konnte mich jetzt nicht mehr fördern; mich zog die Sphäre, die über den alltäglichen Zufälligkeiten und Irrtümern beginnt...« Ungleiche Welten (II, 641)

167. Alexianerkloster (Erholungsheim) Malseneck bei Kraiburg am Inn (1927).

»... und nun lebe ich hier, in einem stillen weit von Bahn und sonstigem Verkehr entfernten Kloster der Alexianer; es ist, glaube ich, gerade dies, was ich jetzt brauche. In diesem Orden gibt es keine Priester, nur Brüder; und das sind sehr einfache freundliche Menschen, die den Gast aufs beste versorgen, sich aber weiter nicht um ihn kümmern, ihn sich selbst überlassen ... Lachen Sie mich aus, über diese Art Zuflucht? Aber ich glaube, es ist zur Zeit die einzige sichere für mich ...« an Hedwig Kerber, 12. Mai 1927

168. Michael Bauer (1871-1929) 1929.
Carossa behandelte den anthroposophischen Schriftsteller auf die Bitte von Margarete Morgenstern hin in deren Haus in Breitbrunn am Ammersee vom Dezember 1928 bis Mitte April 1929.
»... Das Bild [*von Michael Bauer*] ist vortrefflich; ich habe den unvergeßlichen Mann in dieser Gestalt gesehen, nur noch leidender, noch abgezehrter; er war bereits vollkommen bettlägerig, als ich ihn zum erstenmal besuchte ...« an Mien Theissen, 20. Oktober 1939

169. Wilhelm Hausenstein (1882-1957) 1934, mit dem Carossa freundschaftlich verbunden war und den er 1928 einige Wochen lang behandelte.

»... Ich hatte schwierige Fälle in letzter Zeit, u. a. den Wilhelm Hausenstein, der noch im 47. Jahr die Masern kriegte, mit ganz argen Komplikationen, und mir harte ärztliche Nüsse zu knacken gab, aber nun ist er schon außer Gefahr ...« an Hedwig Kerber, 21. Juli 1928

170. Hedwig Kerber (etwa 1928)

»... Die Jüngere ist ganz Gegenwart; aber obwohl sie nicht weit von Dreißig sein kann, harren die Züge einer letzten Entfaltung. Ein unbedeutender Künstler, der sie malen wollte, täte sich leicht; ein großer aber würde verzweifeln; denn er müßte das urgeheime Verfahren meistern, womit Natur aus allerverschiedensten Ahnen und Ahninnen immer wieder eine neue gültige Einheit zusammenwebt, von der man fühlt: hier ist keine Willkür ...«
Geheimnisse des reifen Lebens (I, 516)

171. Hans Carossa, 1928

»... Die Corona-Blätter [*in der Zeitschrift ›Corona‹ erschienener Vorabdruck aus dem Buch ›Die Geheimnisse des reifen Lebens‹*] solltest Du, so gut das möglich ist, so lesen, als ob Du von allen den Personen, die zu unserem Lebenskreise gehören, nicht das Mindeste wüßtest; sonst entstehen Mißverständnisse. Denn ich nehme meine Züge wo ich sie finde, und es weben sich die entlegensten Dinge zusammen. Was es bedeutet, Gestalten zu zeichnen, ist mir nie so deutlich geworden. Drei Frauen sollen verwirklicht werden: CORDULA, die das Leben längst nur noch träumend erleidet, – BARBARA, die lieb- und hilfreiche, große, von innen her zur Tätigkeit getriebene Natur – und SIBYLLE, die nicht ganz im Irdischen behauste Priesterin und Hegerin der Tiere. ... Symbole sind übrigens alle diese Figuren, auch der Erzählende selbst, der gelegentlich als Wünschelrutengänger eine Rolle spielt...« an Hedwig Kerber, 26. Februar 1936

172. Therese Schmidmayer mit einem Edelmarder (um 1928).
»... Oft scheinen Strahlen von ihr auszugehen, wenn sie den Edelmardern die Birnen und Bananen hinreicht, die ihnen aus ihrer Hand so gut schmecken wie sonst nur Fleisch und Eier... Nie würde sich Sibylle so vollkommen an ein Tier gewöhnen, daß ihr später die Trennung mißlänge; auch diesen jungen Mardern, die als blinde Säuglinge ihre Mutter verloren haben, ist ja schon die Zeit bestimmt, wo sie, dem Lebenskampf gewachsen, in eine geeignete Gebirgsgegend entlassen werden...«
Geheimnisse des reifen Lebens (I, 577/578)

173. Die Meer-Alge, eine Pflanzencollage, die Carossa 1928 von Therese Schmidmayer geschenkt wurde.

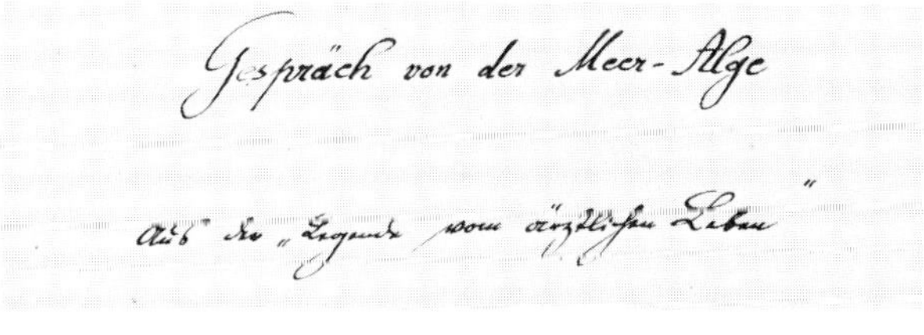

174. Ursprüngliche Überschrift des Kapitels.

»... ›Wer könnte es sein? Klee? Kandinsky?‹ ›O Doktor, was für unzulängliche Beobachter sind wir beide!... Es kommt nämlich aus keiner menschlichen Meisterhand, das reizende Ding. Eine Alge ists, ein Meergewächs, aufgefischt an der schottischen Küste, eigentlich ein höchst vergängliches Wesen, das an der Luft im Nu zerfiele, wenn man ihm nicht schon zuvor einen Halt gäbe. Man muß Blatt um Blatt unter Wasser mittels feiner Stäbchen auseinanderfalten und dabei das Wasser nach und nach ablaufen lassen. So legt sich die Alge auf das Pergament, das man ihr von unten her langsam entgegenhebt, und bleibt vermöge ihres eigenen Klebstoffs daran haften.‹...« Der Arzt Gion (I, 251)

175. Seestetten, vom Wasser aus aufgenommen, nach der Regulierung der Donau; ganz rechts im Bild die große Eiche neben dem Haus Carossas.

»... Alle Strandleute loben das mächtige neue Stauwerk, das den Wasserspiegel um sieben Meter gehoben hält, und wirklich ist nun der Strom fast zum See erweitert. Sehr große Schiffe mit Flaggen aller Länder schwimmen ungefährdet aneinander vorbei; wir vergessen darüber die Enge des Tals und bilden uns ein, an dem Verkehr der Völker ein wenig teilzuhaben. Von mir aus freilich, das braucht niemand zu wissen, von mir aus hätte dies alles bleiben können, wie es seit Jahrhunderten gewesen. Wie stark war das Gefälle, wie hörte man bis in unser altes Haus herüber das Rauschen des Wassers, das nun so blasig-lautlos dahinschleicht! Die klippenreichen Uferhänge, die jetzt halb überflutet, halb mit einem zementenen Damm übermauert sind, wieviel Heimlichkeit boten sie uns Kindern! ...« Geheimnisse des reifen Lebens (I, 507)

176. Valerie Carossa (um 1927)
»... trat stärker noch als sonst die eingeborene Entrücktheit ihres Wesens hervor, die sie so unverletzlich macht...«
Geheimnisse des reifen Lebens (I 646)

177. Hans Ludwig Held (1885-1954),
der von 1925 an die Münchner Stadtbibliothek leitete und sich dafür einsetzte, daß Carossa der neugestiftete Münchner Dichterpreis zugesprochen wurde.

»... unverkennbar ein Sohn des altbayerischen Stammes, fast mönchisch in seinem schwarzen Rock, aber doch so recht, was Goethe eine Natur genannt hätte, auf untersetztem Körper ein mächtiger Kopf mit Gnomenbart, hellgrauem Forscherblick und eigenwillig klarer Stirn, das Gesicht voll zurückgehaltener Energie, die aus dem Blute kommt, aber sich unablässig zu vergeistigen strebt, von Gutherzigkeit durchleuchtet ...«
Aufzeichnungen aus Italien (I, 919)

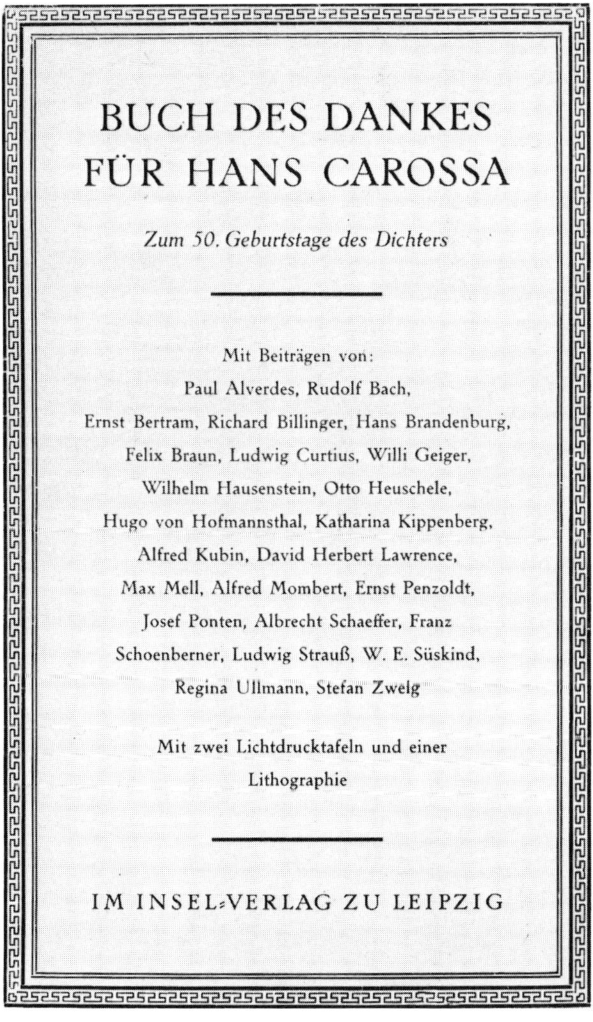

BUCH DES DANKES FÜR HANS CAROSSA

Zum 50. Geburtstage des Dichters

Mit Beiträgen von:
Paul Alverdes, Rudolf Bach,
Ernst Bertram, Richard Billinger, Hans Brandenburg,
Felix Braun, Ludwig Curtius, Willi Geiger,
Wilhelm Hausenstein, Otto Heuschele,
Hugo von Hofmannsthal, Katharina Kippenberg,
Alfred Kubin, David Herbert Lawrence,
Max Mell, Alfred Mombert, Ernst Penzoldt,
Josef Ponten, Albrecht Schaeffer, Franz
Schoenberner, Ludwig Strauß, W. E. Süskind,
Regina Ullmann, Stefan Zweig

Mit zwei Lichtdrucktafeln und einer
Lithographie

IM INSEL=VERLAG ZU LEIPZIG

178. Festschrift für Hans Carossa

179. Das Gut Rittsteig mit der Hefefabrik und Hedwig Kerbers Elternhaus (um 1920).

»... wir überschauten ein helles Nachmittagsland mit gelinde gegeneinander verlaufenden Hügeln, auf denen Gehöfte stehen, und in größerer Entfernung einen langen Waldstreifen, vor dem die Schlote der Porzellanfabrik rauchten. Diese besteht aus einer Gruppe von gelben würfelförmigen Gebäuden, die an südliche Landhäuser erinnern...« Geheimnisse des reifen Lebens (I, 530)

180. Das Stauwerk Kachlet bei Nacht.
»... Ich sah zurück, da stand es als Zauberschloß glanzverströmend in der Nachtschwärze. Die hohen Fenster der Turbinenhalle sandten weithin weiße Strahlen; aus den äußeren Lampen aber, wie aus Brausen, sprühte abwärts rötlich mildes Licht...«
Geheimnisse des reifen Lebens (I, 633)

181. Hans Carossa auf der Terrasse von Hedwig Kerbers Waldhaus (1938).

»... Von hier ab senkt sich Korn- und Wiesenland in leichten Hebungen und Vertiefungen einem verborgenen Bache zu, den weithin Erlengebüsche verraten. Von diesem Bachtal gehen immer neue Tälchen aus; flache Hügel überschneiden sich, Gehöfte tragend, gefärbt mit Streifen verschiedenen Gelbs und verschiedenen Grüns. Zwischen Tafeln von rötlichem Klee wogt noch ein Weizenfeld sonnenbeschienen im Abendwind; es gleicht einer unaufhörlichen Flucht langer, weicher silberbrauner Felle. Auch zum andern Lande hin sind alle Übergänge sanft, und wer es nicht wüßte, käme schwerlich darauf, daß mitten durch dieses

Höhengefüge einer der großen europäischen Ströme geht; nur eine Rauchfahne zeigt manchmal an, daß da Schiffe fahren. Den Hintergrund umziehen blauschwarze Waldgebiete; dann folgen die mäßig hohen schneelosen Berge. Ihr mattes Weihrauchblau beweist, wie fern sie sind...«

Geheimnisse des reifen Lebens (I, 560/1)

Hans Carossa

Der Arzt Gion

Eine Erzählung

MCMXXXI

Im Insel-Verlag zu Leipzig

182. *Titelblatt der Erstausgabe*

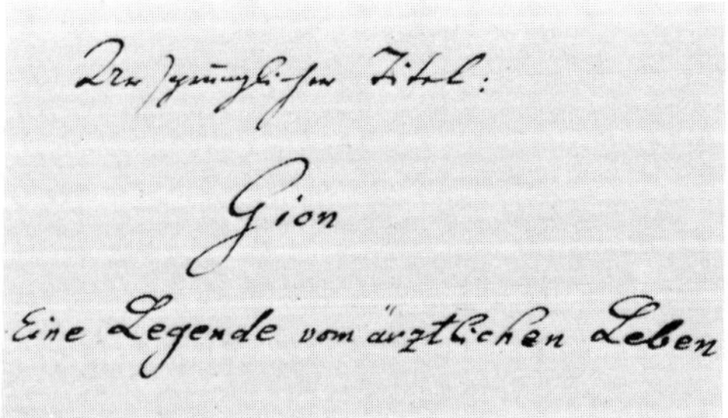

Der ursprüngliche Titel:

Gion

Eine Legende vom ärztlichen Leben

183. *Ursprünglicher Titel der Erzählung*

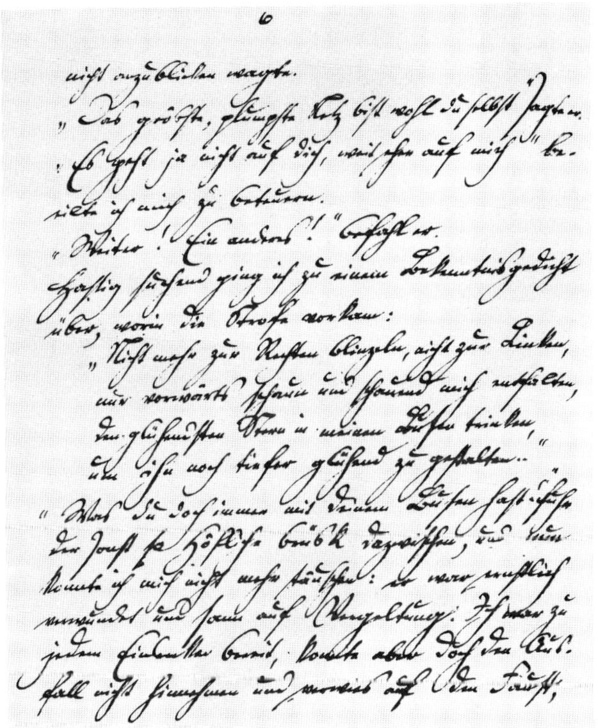
6

nicht anzublicken wagte.

„Das größte, plumpste Holz bist wohl du selbst" sagte er.

„Es geht ja nicht auf dich, viel eher auf mich" be-eilte ich mich zu beteuern.

„Weiter! Ein anderes!" befahl er.

Hastig suchend ging ich zu einem Bekenntnisgedicht über, worin die Strophe vorkam:

„Nicht mehr zur Rechten blinzeln, nicht zur Linken,
nur vorwärts schauen und schauend mich entfalten,
den glühendsten Stern in meinem Busen trinken,
um ihn noch tiefer glühend zu gestalten..."

„Was du doch immer mit deinem Busen hast!" fuhr der sonst so höfliche [illegible] dazwischen, und nun konnte ich mich nicht mehr täuschen: er war ernstlich verwundet und sann auf Vergeltung. Ich war zu jedem Einlenken bereit, konnte aber doch den Aus-fall nicht hinnehmen und verwies auf den Faust;

184. *Aus dem Kapitel »Gedicht und Leben«; (Druckvorlage 1928).*

185. Felix Braun (1885-1973) in Palermo; (um 1929) mit ihm, der Italien sehr gut kannte, traf Carossa sich dort in dem folgenden Jahrzehnt fast alljährlich.

»... Beliebt ist er [*Felix Braun*] ja in Palermo unendlich, was jeder, der ihn kennt, begreift. Vier Wochen lang waren wir fast jeden Abend beisammen und gingen oft bis Mitternacht am Meer auf und ab; von Zeit zu Zeit uns eine sprematura di arancie genehmigend...« an Hans Brandenburg, 10. August 1929

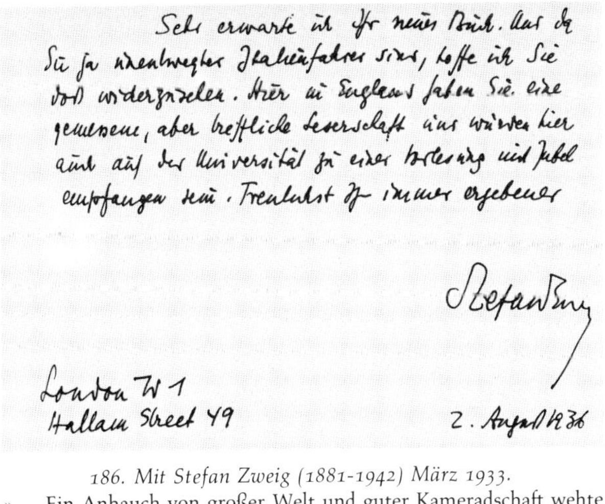

Sehr erwarte ich Ihr neues Buch. Und da Sie ja unentwegter Italienfahrer sind, hoffe ich Sie dort wiederzusehen. Hier in England haben Sie eine gemessene, aber treffliche Leserschaft und würden hier auch auf der Universität zu einer Vorlesung mit Jubel empfangen sein. Treulichst Ihr immer ergebener

Stefan Zweig

London W 1
Hallam Street 49

2. August 1936

186. Mit Stefan Zweig (1881-1942) März 1933.

»... Ein Anhauch von großer Welt und guter Kameradschaft wehte aus seinen leichten freien Schriftzügen in meine Enge herein, und so blieb mir von dem mißglückten Unternehmen [*Stefan Zweigs Versuch, Carossa als Übersetzer für Gedichte von Paul Verlaine zu gewinnen*] doch die Zuneigung eines Mitlebenden, von dem ich freilich damals noch nicht voraussah, wieviel uneigennützige Förderung ich, als ein so anders gearteter, ihm in der Zukunft zu verdanken haben würde...« Führung und Geleit (I, 719)

187. Hans Carossa im Garten von Hedwig Kerbers Haus (etwa 1932).

»... Während die Hitlerbewegung ihre Bahn zur Macht zurücklegte, grenzte der Kreis meines Lebens und Wirkens nur auf sehr kleinen Strecken an die politische Welt...«
Ungleiche Welten (II, 639)

188. Georg Söldner (1864-1931)
ein wunderlicher Gütlersohn im Nachbarhause von Hedwig Kerber, der in der ganzen Umgebung alte, gemalte Zifferblätter von Kirchturmuhren sammelte und in der Gestalt des Heiligenscheine sammelnden Vetters weiterlebt.

»...›Er ist ein entfernter Verwandter von mir‹, erläuterte Barbara, ›ein gebildeter Mann, bloß ein bißchen spinnig; er sammelt Heiligenscheine, aber nur alte; die neuen haben keinen Wert für ihn‹...« Geheimnisse des reifen Lebens (I, 524)

189. Carossa mit seiner Tochter Eva, 1932.

190. Hans Carossa (um 1934) in dem das Haus Hedwig Kerbers umgebenden Wald.

»... ihm gegenüber steht eine Fichte, die stellenweise einem Tierleib gleicht. Eigentümlich ist ihre gespaltene verholzte Wurzel, die auf dem Felsen reitet, indem sie nach links wie nach rechts einen starken Ast in den Boden hinabstreckt. Wo sie noch ungeteilt ist, liegt sie seehundähnlich auf dem Stein und biegt sich über dessen Rand hinaus zu einer silbergrauen Brust empor, von der beiderseits kleinere Wurzeln, flossenhaft verkümmert, in die Luft stehen. Statt aber ein Haupt zu tragen, geht diese Brust unmerklich in die runde Säule des Prachtstamms über ...«

Geheimnisse des reifen Lebens (I, 598)

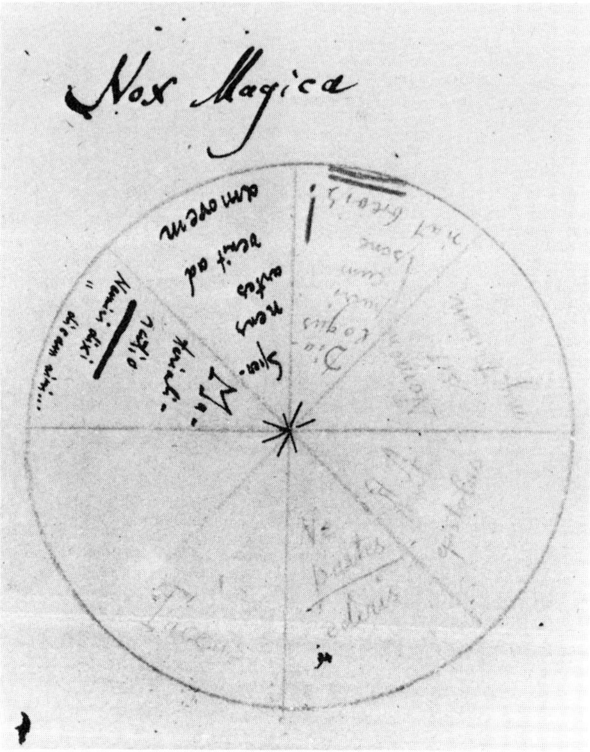

191. Eigenhändige Zeichnung Carossas mit Darstellung eines magischen Zirkels.

»... ›Der alte Taschenspieler‹ setzte sich in Knittelreimen fort, die schließlich ins Unvollendbare gerieten und sich zur Veröffentlichung nicht eigneten ...« Ungleiche Welten (II, 701)

Dreißiger Jahre
und Zweiter Weltkrieg
(1933-1945)

192. Mit August Piccard (1884-1962) dem Stratosphärenforscher in Leysin (November 1931).

»... Unter den Hörern befand sich Piccard, der Stratosphären-Flieger. Schönes klares Gesicht, hohe Stirn, blaue Augen. Hernach noch kurze Unterhaltung, besonders über Wespen...« (10. 11. 1931)

193. Raron

»... Rilkes Grab in fast schauerlicher Einsamkeit und Unnahbarkeit, läßt fühlen, daß er keine Besucher wünschte oder doch nur solche, denen wirklich sehr viel an solcher Wallfahrt gelegen war...« (13. 11. 1931)

194. Die Via Appia bei Rom
»... bin am Sonntag in die Via Appia hinausgegangen, die alte Gräberstraße; sie ist so trauervoll und feierlich mit ihren Ruinen und dem Albanergebirge im Hintergrund; ein großartiger Gedanke der Römer, ihre Toten zu beiden Seiten der Landstraße in unendlich langen Reihen zu bestatten ...« an Hedwig Kerber, 7. Mai 1932

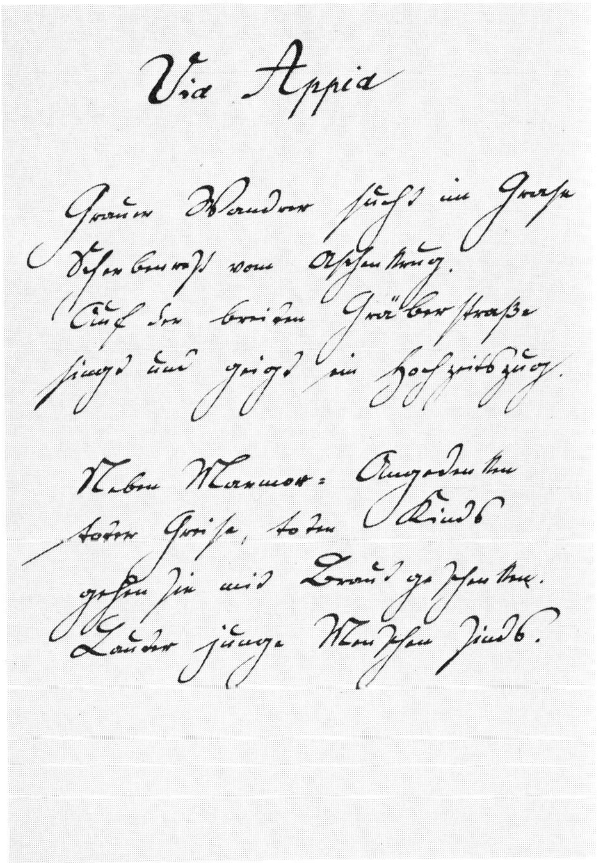

Via Appia

Graue Wandrer sucht im Grase
Scherbenwerk vom Aschenkrug.
Auf der breiten Gräberstraße
Singt und geigt ein Hochzeitszug.

Neben Marmor-Angedenken
toter Greise, toter Kinder
gehen sie mit Brautgeschenken.
Lauter junge Menschenkinder.

195. Die ersten beiden Strophen des Gedichts (in nicht endgültiger Fassung), das Carossa dem Gedächtnis der Editha Curtius widmete.

196. Verfemung eines jüdischen Geschäfts in München, April 1933
»... Jedem Vorurteilsfreien hatte schon der Tag der Judenverrufung im April 1933 mit einem Schlag enthüllt, in wie tiefe Schichten hinein den deutschen Massen der Sinn für Menschenwürde verloren gegangen war. An Männern und Frauen, die man als gerecht und gütig zu kennen glaubte, kamen damals Züge zum Vorschein, die sonst vielleicht ewig verborgen geblieben wären ...« Ungleiche Welten (II, 670)

197. Der Odeonsplatz in München am 9. November 1933.
»... In Festen schwelgte das Land, und wo immer dieser ›Herzog des Reiches‹, wie einer seiner Dichter ihn ansprach, sich sehen ließ, umjauchzte jung und alt in Verzückung seinen Wagen. Daß zu gleicher Zeit bereits Tausende von Juden und anderen unglücklichen Menschen aus der Heimat in die Verbannung oder in die Mißhandlungslager wandern mußten, daß außerordentliche Forscher, Schriftsteller und Künstler, um die uns die Welt beneidete, den deutschen Staub von ihren Füßen schüttelten, um nicht in einem entehrenden Leben hinzukümmern oder eines bösen Todes zu sterben, das erklärten Freunde der Partei, denen man sein Entsetzen darüber zum Ausdruck brachte, für eine nebensächliche Notwendigkeit...« Ungleiche Welten (II, 674)

198. Thomas Mann

»... Thomas Mann hatte nicht den Wunsch, in dieses Deutschland zurückzukehren. Er wollte im Ausland leben, jedoch als Deutscher, als welcher er sich zu fühlen nie aufgehört hat. Von der Schweiz aus bat er 1933 das Reichsinnenministerium um Verlängerung des deutschen Passes, zugleich um die Aufhebung der widerrechtlichen Vermögenskonfiskation. Aber er erhielt keine Antwort...«
Ungleiche Welten (II, 718)

199. *Hermann und Ninon Hesse (1929), die Carossa zum erstenmal im Sommer 1932 in Montagnola besuchte.*
»... bei H. Hesse, den ich bei der Gartenarbeit traf. Schöner Weg mit Blick nach Italien, schönes Beisammensein... Hesses Wohnung ist, glaube ich die schönste, die ein Dichter haben kann. Er zeigte mir den herrlichen Schmetterling aus Madagaskar, den er so schön beschrieben hat...« (25. u. 26. Juni 1932)

200. Rudi Pallas (1907-1952)
als Pfadfinder, der sich Carossa 1934 in Berlin als »Hitler-Junge« vorstellte, ihn bald darauf mit seinen Freunden in Seestetten besuchte und einige Jahre später in ein Konzentrationslager gebracht wurde.

»... Nachdem der Saal gefüllt war, bestieg einer die Bühne ... von freiem, offenem Wesen; sein Name sei genannt, er stellte sich vor als Rudi Pallas. Niemand konnte damals ahnen, wieviel Unglück eine sehr nahe Zukunft für ihn bereit hielt ...«
Ungleiche Welten (II, 683)

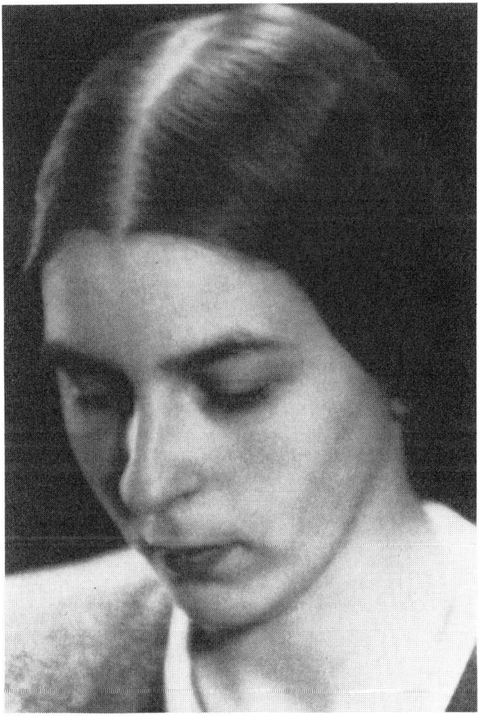

201. Elizabeth W. Theissen (19[10]-1973) 1935.
Holländische Germanistin, Verfasserin des Buches »Das Ich bei Rilke und Carossa«; sie stand von 1931 an mit Carossa in Briefwechsel.

»... Der schöne Ernst Ihres Gesichtes ist so voll Ausdruck, und ich bemühe mich täglich, darin zu lesen. Mein stiller Wunsch wäre, Ihr Arzt sein zu dürfen; ich würde Ihnen viel Ruhe verschreiben...« an Mien Theissen, 20. Dezember 1948

202. Schlafende Erinnys
Marmor. Thermenmuseum Rom

»... Durch schneeumsäumte Fensterscheiben fiel ein mattes Licht auf den Marmorkopf herein, der einer schlafenden Erinnys zugeschrieben wird... Zu der großen Ruhe des Antlitzes freilich steht das halbwirre, wie von einem verfolgenden Wind gelöste Haar, dessen Strähne bis zu den Brauen, ja bis zum Kinn hereinreichen, in wundersamem Gegensatz... Was für ein Blick aber träfe uns, wenn sie die Lider aufschlüge? Es könnte nur ein unverschleierter, stark leuchtender Augenstrahl sein, kein trüber Blutsaugerblick... Trauer schwebt um Augen und Mund, die unbewußte Trauer des antiken Menschen, dem auferlegt war, den unerbittlichen Mächten des Daseins gerade ins Gesicht zu schauen...« Aufzeichnungen aus Italien (I, 857/8)

203. Sogenannter Ludovisischer Thron
Thermenmuseum Rom

»... Auch die schlanke Göttliche, die aus irgendeiner dunklen Tiefe selig ans Licht steigt, halb gehoben von zwei schön gewandeten Helferinnen, die ihr mit einem Tuche den Schoß verhängen, blieb mir immer nur ein herrliches Geheimnis, dessen Lösung ich mit der Zeit immer geduldiger von der Zukunft erwartete...«
Führung und Geleit (I, 694)

»... ich suchte den Kopf der schlafenden Erinnys. Er befindet sich in dem nämlichen Zimmer wie jener archaische Altaraufsatz, der unter dem Namen ›Ludovisischer Thron‹ weltbekannt ist. An ihm konnte ich nicht vorübergehen, ohne die schöne neue Deutung zu beherzigen, die Ludwig Curtius der mittleren Relieftafel gegeben hat...« Aufzeichnungen aus Italien (I, 856)

204. Ludwig Curtius (1874-1954)
mit dem Carossa von 1927 an freundschaftlich verbunden war und dem er das Gedicht »Ergänzungen« gewidmet hat.

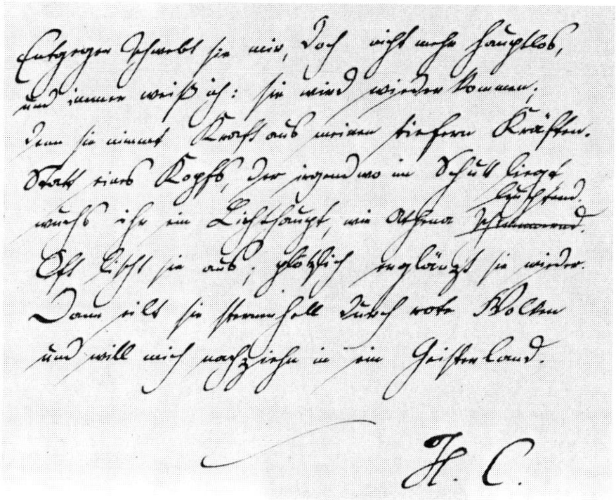

Entgegen schwebt sie mir, doch nicht mehr hauptlos,
und immer weiß ich: sie wird wiederkommen,
denn sie nimmt Kraft aus meinen tiefsten Kräften.
Statt eines Kopfs, der irgendwo im Schutt liegt,
wuchs ihr ein Lichthaupt, wie Athener [illegible].
Oft löscht sie aus; plötzlich erglänzt sie wieder.
Dann zieht sie sternhell durch rote Wolken
und will mich nachziehn in ein Geisterland.

H. C.

205. Schlußabsatz aus dem Gedicht »Ergänzungen«.
»... Die Schreitende aus Marmor, die nun immer mit mir schreitet, gehüllt in Schleier, armlos, furchtlos ...«
(19. 1. 1935)

206. Hans Carossa am Schreibtisch seines Zimmers in Hedwig Kerbers Haus (1938).

»... Mich aber führte die Folge meiner Einfälle zu der Jugendgeschichte zurück, die im Ersten Weltkrieg begonnen worden war und mich nun in den Zweiten hineingeleiten sollte. Die Gefahr, den Zusammenhang mit der eigenen Vergangenheit und also mit sich selber zu verlieren, war vielleicht nie größer gewesen als in einer Zeit, wo ganze Völker die kostbarsten Juwelen ihrer Geschichte in den Staub warfen, und unbewußt besann sich die Seele wieder auf ihre frühen Erlebnisse, auch wenn diese auf Täuschungen beruhten, hinter denen aber doch die zarten Schutzgeister der Wahrheit standen...« Ungleiche Welten (II, 700)

207. Hedwig Kerber mit ihrer Tochter vor dem Waldhaus (1938).

Hans Carossa

Führung und Geleit

Ein Lebensgedenkbuch

MCMXXXIII

Im Insel-Verlag zu Leipzig

208. *Die Erstausgabe 1933*

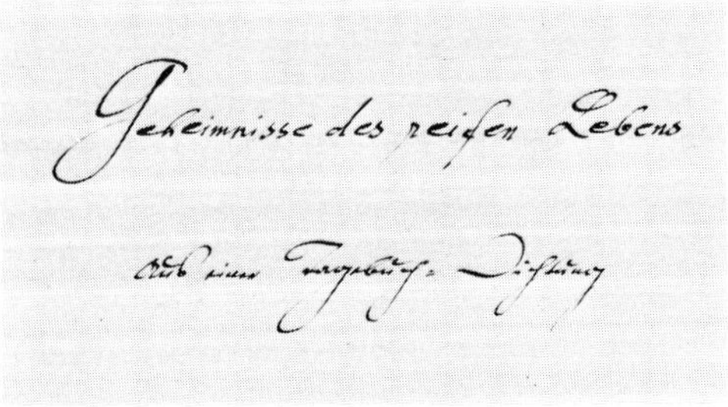

Geheimnisse des reifen Lebens

Aus einer Tagebuch-Dichtung

209. *Druckvorlage für den Vorabdruck in der Corona*

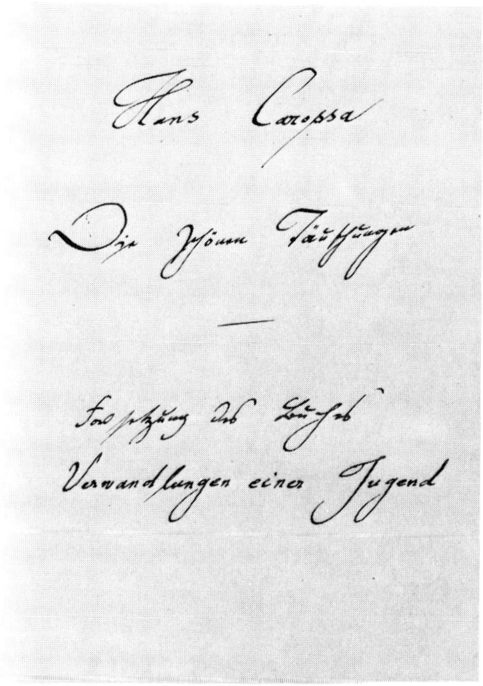
Hans Carossa

Die schönen Täuschungen

—

Fortsetzung des Buches

Verwandlungen einer Jugend

210. Der ursprüngliche Titel des Buches (Druckvorlage)

211. Hans und Hedwig Carossa (1939)

212. mit Alfred Kubin auf der Terrasse von Hedwig Kerbers Haus (um 1938).

»... Wie er dachte und fühlte, wußten wir; aber zuweilen ist persönliche Gegenwart unersetzlich. Von ihm, der sich aus einer Jugend voller Nervenkrisen und Angstvisionen als unermüdlich Schaffender zu reinem Künstlertum emporgewandelt hatte, war um so eher eine Bestärkung zu erwarten, als man sich seine Erscheinung aus dem eigentümlichen geistigen Klima des alten Österreich nicht wegzudenken vermochte ...«
Ungleiche Welten (II, 690)

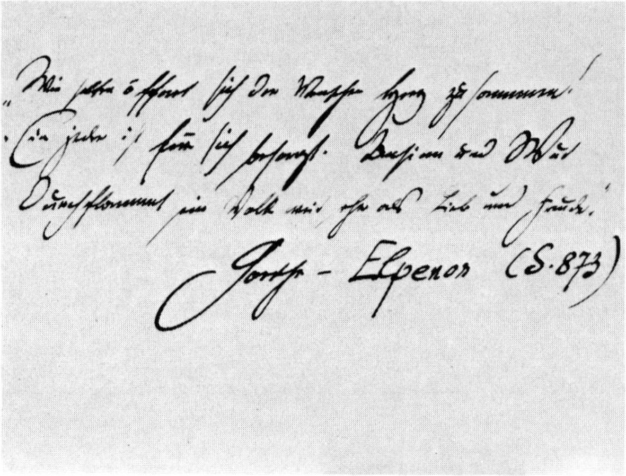
„Wie selten öffnet sich der Menschen Herz zusammen!
Ein jeder ist für sich besorgt. Besitz und Wohl
Durchflammt ein Volk nie so als Lieb und Freude."
Goethe – Elpenor (S. 873)

213. Exzerpt Carossas aus Goethes Elpenor

»... Wieder einmal war es Goethe, von dem Ermutigung und Wegweisung kamen... Mir war es übrigens nie zweifelhaft, daß Goethe die Höllenkreise der Bosheit ebenso klar überblickt hat wie andere; wahrscheinlich hat er wohl gewußt, mit welcher Übermacht sie auf unserer Erde wirken, wie sie aber auch oft, ohne es zu wollen, dem göttlich Gültigen den Weg bereiten müssen. ›Übers Niederträchtige niemand sich beklage; denn es ist das Mächtige, was man dir auch sage.‹ Es ist recht Goethes Art, solche Wahrheiten in leichter, fast gutmütiger Form hinzusagen, sie nicht im Predigerton feierlich zürnend auszurufen. Aber auch gewisse Stellen im ›Faust‹ oder in den ›Wanderjahren‹ oder in dem dramatischen Entwurf ›Elpenor‹ wären ohne den tiefsten Blick in die Abgründe der Menschenwelt gar nicht erklärbar. Er hat dem Bösen aber nicht die Ehre erwiesen, es im Reich der Gestaltung als eine dem Guten ebenbürtige Großmacht zuzulassen...«

Ungleiche Welten (II, 704-07)

214. Dr. Anton Edler von Braunmühl (1901-1958), der in der Zeit des dritten Reiches eine Abteilung der Heil- und Pflegeanstalt Eglfing-Haar leitete und ein leidenschaftlicher Gegner des nationalsozialistischen Euthanasieprogramms war; sein Hauptwerk »Die Insulinschockbehandlung der Schizophrenie« widmete er Carossa mit dem Motto: »Raube das Licht aus dem Rachen der Schlange«.

»... In den Arbeiten Braunmühls lebte eine Gläubigkeit, die mich an meinen Vater erinnerte. Diese Art von Ärzten gibt auch den schwersten Fall nicht leicht verloren ...« Ungleiche Welten (II, 730)

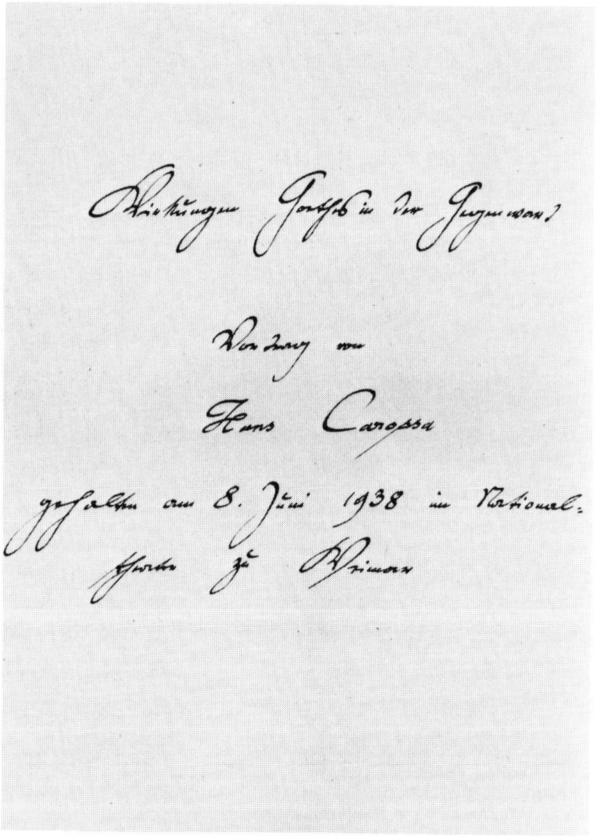

Wirkungen Goethes in der Gegenwart

Vortrag von

Hans Carossa

gehalten am 8. Juni 1938 im National-
theater zu Weimar

215. Titelblatt für die Druckvorlage.

216. Hans Carossa 1938

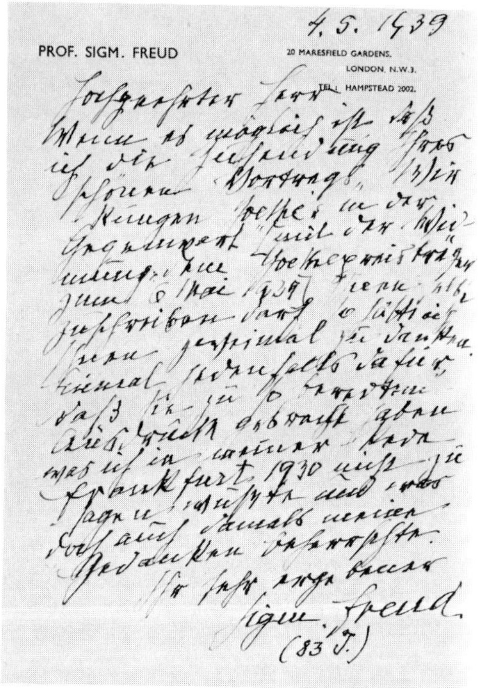
4. 5. 1939
PROF. SIGM. FREUD
20 MARESFIELD GARDENS.
LONDON, N.W.3.
TEL: HAMPSTEAD 2002.

217. Brief von Sigmund Freud an Carossa vom 4. Mai 1939.

Hochgeehrter Herr

4. 5. 1939

Wenn es möglich ist, daß ich die Zusendung Ihres schönen Vortrags ›Wirkungen Goethes in der Gegenwart‹ mit der Widmung, dem Goethepreisträger zum 6. Mai 1939, Ihnen selbst zuschreiben darf, so hätte ich Ihnen zweimal zu danken. Einmal jedenfalls dafür, daß Sie zu so beredtem Ausdruck gebracht haben, was ich in meiner Rede Frankfurt 1930 nicht zu sagen wußte und was doch auch damals meine Gedanken beherrschte.

Ihr sehr ergebener

Sigm. Freud

(83 J.)

218. Hans Carossa 1939

»... Im Frühjahr 39 wurde mir eine Überraschung zuteil. Ich erhielt einen Brief aus L. von dem Begründer des Ps. A., worin er sich in Worten, die mir sehr nahe gingen, über meinen Goethe-Vortrag äußerte und die Bitte aussprach, ihm ein Exemplar mit Widmung zu seinem 83. Geburtstag zu senden, da ja auch er einst Goethepreis-Träger gewesen sei. Im Spätherbst ist er, wie Sie wissen, gestorben...« an Jolande Jacobi, 14. Januar 1940

219. Alfred Mombert, 1932

»... Seinen sechzigsten Geburtstag hatte noch die Universität Heidelberg festlich begangen, und einige Schweizer Freunde waren weit hergereist, um ihren Dichter zu verehren; auch ich hatte freudig die Fahrt zum Neckar angetreten; dies war im Februar 1932 gewesen...« Ungleiche Welten (II, 724)

220. Der Umschlag des Briefes vom 22. 10. 1940, den Alfred Mombert an Hedwig Kerber unmittelbar vor seiner Verhaftung geschrieben hatte. Auf dem Umschlag in Bleistift: »Leben Sie wohl! Grüßen Sie H. C. Sf[aira] d[er] A[lte].«

»... Wir betrachteten den Umschlag genauer und fanden auf der Rückseite in flüchtigsten Bleistiftzügen die Worte: Leben Sie wohl! Nun wußten wir, daß etwas geschehen war...«
Ungleiche Welten (II, 725)

221. Das Camp de Gurs. Um womöglich die Freilassung Alfred Momberts, der in das Konzentrationslager Gurs im Département Basses Pyrénées verschleppt worden war, zu erreichen, richtete Carossa ein Gesuch an Goebbels.

»... Ich ahnte freilich, was ich mir selber zufügte, wenn ich den Propagandaminister mit einer Bitte bedrängte, und hatte ein Vorgefühl davon, daß früher oder später ein Gegendienst von mir gefordert werden würde...« Ungleiche Welten (II, 726)

222. Hans Carossa 1942

»... Welcher Kampf wird mir noch auferlegt sein, um wieder einmal jene tiefe Einkehr zu erleben, ohne die nichts wahrhaft Giltiges keimen und wachsen kann. Seit der Aufdrängung der Weimarer Präsidentschaft hab ich fast nie mehr ein Gefühl innerer Freiheit gehabt. Vielleicht will es das Schicksal, daß ich auch solche Zustände kennen lernen muß...« an Hedwig Kerber, 4. Mai 1942

223. Das Rittsteiger Haus im Winter (ca. 1942).
»... und im verdunkelten Abendzimmer zogen leuchtend wie Laterna-magica-Bilder die Erinnerungen an kurze Aufenthalte in Verona, Padua, Ravenna und Rom vorüber; sie weckten ein Verlangen, sie mit Worten nachzuzeichnen ...«
Ungleiche Welten (II, 701)

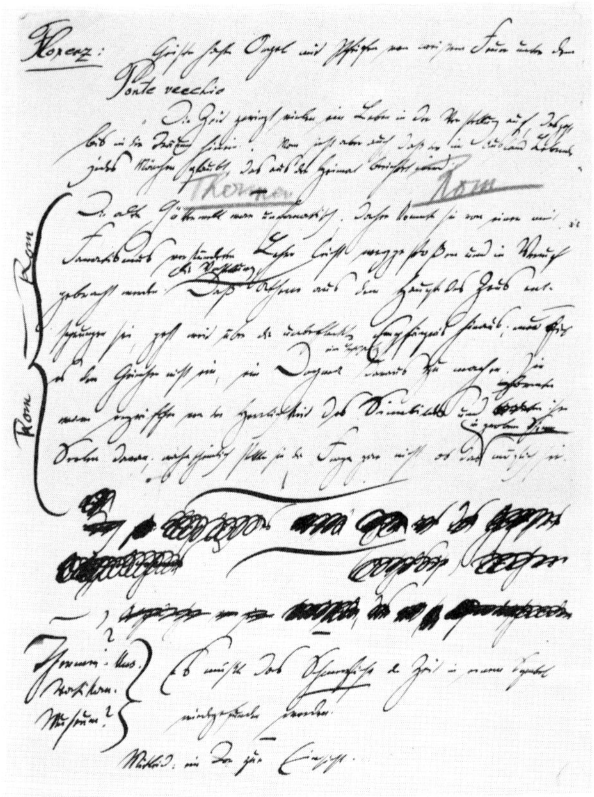

224. Konzeptblatt aus Italien (1940/1)
Es müßte das Schmerzliche der Zeit in einem Symbol wiedergefunden werden.
Thermen-Museum? Vatikanisches Museum?
Dieses Symbol fand Carossa in der Figur der »Nacht des Michelangelo.«

225. Die Nacht, von Michelangelo

»...
Sieh, wie sie sanft ruht auf dem Sarg des Jünglings,
Das Haupt geneigt, und Mond und Stern im Haar,
Im fast geschlossnen Aug ein Tränenlicht!
Mohn reift bei ihr, der Zaubervogel wacht,
Und auch der Traumgott mahnt mit Wahnsinnsmaske,
Sehr still zu sein
Und nichts in diesen Schlaf hineinzusprechen,
Als was er in Musik verwandeln kann.
......
Die Nacht, sie schweigt, voll Schönheit und voll Schmerz –
Wir wollen lieber von ihr trauern lernen,
Das trostentwöhnte, das geduldige Trauern
......« Gedichte (I, 85)

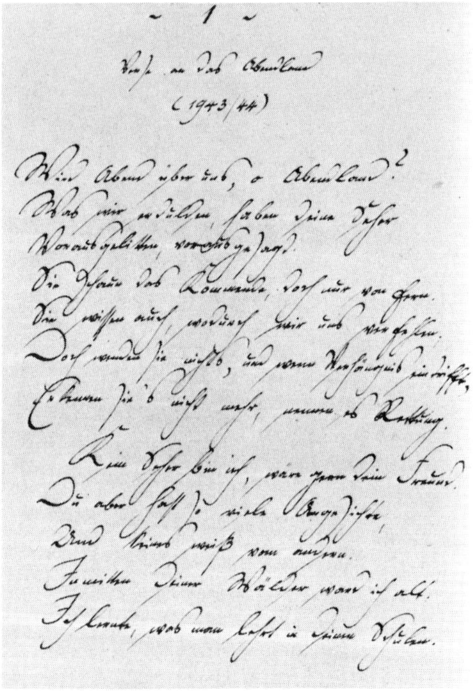

– 1 –

Verse an das Abendland

(1943/44)

226. *Manuskriptseite der »Verse an das Abendland«*

». . . ich wollte von dem Menschen singen, dem glücklich gearteten, der die Erde kennt und ihr doch vertraut. Keine Erlösergestalt schwebte mir vor, nur ein guter geistesklarer Mann, der die eingezeugten Gifte des Neides, des Hasses, der Lüge heilkräftig in sich verwandelt, ein zum Bauen berufener, dem Perikles verwandter Geist, der gemeinsame Aufgaben sieht und alle Lebenden zur Mitarbeit beruft . . .« Ungleiche Welten (II, 751)

(Den Versen, die damals entstanden, gab Carossa endgültig den Titel »Abendländische Elegie«)

227. Hans Carossa in den vatikanischen Gärten 1942.
»... Ach, jede Reise im Abendland ist heute ein großes Abschiednehmen; nie wieder wird es uns das Antlitz zeigen, das uns vertraut war. Vom Chor der schönen Bilder schließen wir uns aus, und wenn diese einst wieder ans Licht emporsteigen, liegen wir Alten in unseren Särgen; den Kommenden aber zeigen sie vielleicht ein Medusengesicht...«
Aufzeichnungen aus Italien (I, 906)

228. Marie Trier (1895-1943)
eine langjährige Leserin und Korrespondentin C.s. Sie wurde in Auschwitz ermordet.
»... Marie war eine jüdische Kaufmannsgattin aus Darmstadt, die regelmäßig zu den Vortragsabenden des Freien Deutschen Hochstifts nach Frankfurt herüber kam ... Marie hatte sprödes rabenschwarzes Haar, und ihr schmales, wie vom Wüstenwind gebleichtes Gesicht erinnerte mich immer an jene Asra, ›welche sterben, wenn sie lieben‹...« Ungleiche Welten (II, 760/61)

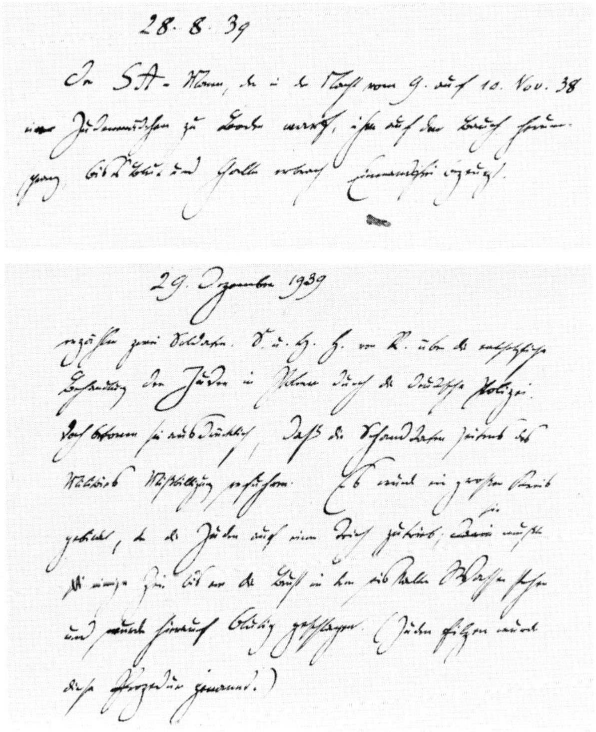
28. 8. 39

29. Dezember 1939

229. Aus geheimen Aufzeichnungen, die Carossa sich nach mündlichen Berichten notierte.

29. Dezember 1939 erzählen zwei Soldaten ... über die entsetzliche Behandlung der Juden in Polen durch die deutsche Polizei ... Es wurde ein großer Kreis gebildet, der die Juden auf einen Teich zutrieb; sie mußten einige Zeit bis an die Brust in dem eiskalten Wasser stehen und wurden hierauf blutig geschlagen ...

230. Paul Valéry (1871–1945)

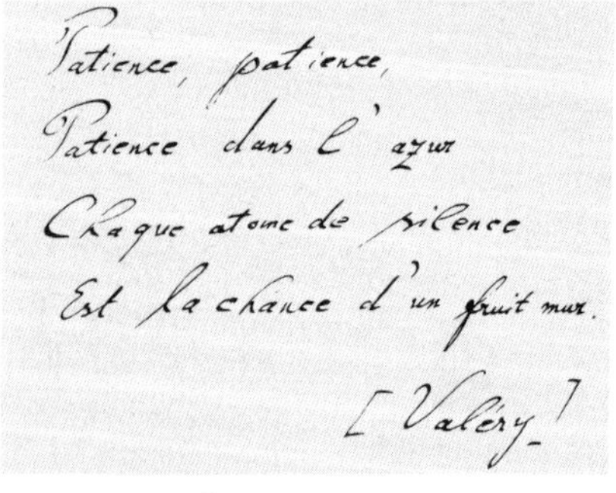
Patience, patience,
Patience dans l'azur
Chaque atome de silence
Est la chance d'un fruit mur.
[Valéry]

231. Von Carossa exzerpierter Vers.

Einen Beistand aber gibt es, den nur der Mitlebende leisten kann, und vertrauensvoll blickten wir manchmal nach Frankreich hinüber … Je gespenstischer sich aber die Gegenwart verfinsterte, je sinnloser es mir vorkam, daß unser neuer Staat mit dem Volk, aus dem dieser Denker hervorgegangen war, Krieg führte, um so lieber wurde mir die abstrakte Dichtung des ›Eupalinos‹.

Ungleiche Welten (II, 708)

232. Sommer 1944

»... An mich sind in den letzten Wochen schwere und traurige Dinge herangetragen worden. Es vollziehen sich Schicksale, von denen Außenstehende nichts ahnen, und da man mich irrtümlicherweise für einen einflußreichen Mann hält, so kommt ein SOS-Ruf nach dem anderen...« an Roger de Campagnolle, Juli 1944

233. *Max Kommerell (1902-1944), mit dem Carossa seit dem Jahre 1934 freundschaftlich verbunden war.*

»... Im Frühjahr 1944 kehrte ein Gast bei uns ein, in dessen Umkreis alles Politische wesenlos wurde, ein Vierzigjähriger von fast knabenhafter Zartheit und Geschmeidigkeit, schon vom Tode gezeichnet, aber in jedem gesprochenen Satz, ja in jeder scherzhaften Wendung von anmutigster Bestimmtheit, einer, der schaffend wuchs, während er körperlich verging: Max Kommerell...« Ungleiche Welten (II, 803)

234. Der Romanist Karl Vossler (1872-1949), mit dem Carossa freundschaftlich verkehrte.

»... ging er [*Karl Vossler*] gelassen den erwählten Weg der selbstverantwortlichen Geister und wahrte sich unter dem heiteren Leitspruch ›Emigriere zu Hause!‹ sein Weltbürgertum. So war er einer der wenigen, deren Ansehen auch außerhalb Deutschlands unantastbar blieb und ständig zunahm ...«

Ungleiche Welten (II, 756)

235. Mit dem Schriftsteller Roland Marwitz (1896-1961) auf der Terrasse des Rittsteiger Hauses (1944); dieser war Anfang des Jahres aus Berlin in die unmittelbare Nähe Rittsteigs gezogen und hielt – Nacht für Nacht bemüht alle erreichbaren Auslandssender abzuhören – Carossa damals über das politische Geschehen auf dem laufenden.

»... Er lebte in sich selber am sichersten und ruhigsten, wenn er über das Weltgeschehen von Tag zu Tag auf dem laufenden blieb. Mit einem sehr wachsamen Gedächtnis begabt, erriet er leicht die Zusammenhänge der weit auseinander liegenden Begebenheiten und war ein lebendiges Archiv der Gegenwart geworden... Wir gingen im Geistigen ungleiche Wege, hielten aber gute Nachbarschaft und bestärkten uns beide im Glauben an eine gerechtere Ordnung der Welt nach dem Abschluß der Kämpfe...«

Ungleiche Welten (II, 797/8)

236. Café Stefanie in München nach der Zerstörung 1943.
»... Gestern bin ich an dem Eckhaus der Theresienstraße vorübergegangen, wo einstmals das Café Stefanie war, ein paar Mauern stehen noch, und als einziges Zeichen der Vergangenheit hängt von einem kleinen erhaltenen Stück der Decke ein unversehrter Lüster, der aber mit seiner unteren Spitze den hohen Schuttberg berührt ...« an Alfred Kubin, 4. April 1944

237. Bayerische Staatsbibliothek nach der Zerstörung.

. . . . . .
Wie leuchtete das Haus am Park so gastlich,
Wo still im Lesesaal die Denker sannen,
Beraten von den Schriftwerken der Völker,
Und jeder suchte Wahrheit, Wahrheit, Wahrheit –
Was find ich dort? Ruinenschutt und Kohle.
Grau kriecht noch Rauch aus dem zerborstnen Globus,
Bücher vergehn, vom Feuer aufgeblättert,
Doch seitwärts welkt ein schwerer dunkler Grabkranz,
Und aus der Trümmertiefe schleicht Verwesung.
. . . . . .

(Abendländische Elegie) Gedichte (I, 85)

238. Passau, Mai 1945
»... Man schrieb den 2. Mai 1945; dieser Tag beendete für Passau und seine Umgebung den Krieg... Zwischen den starr hängenden Stümpfen der zerstörten Brücken erreichte sie [*amerikanische Infanterie*] auf Sturmbooten in wenigen Minuten die Stadt...«
Ungleiche Welten (II, 817)

239. Therese Schmidmayer in ihrem Haus, in dem Carossa und die Seinen in den Maitagen 1945 Zuflucht fanden.

»... Meine Frau bewies mir, daß es keine Zuflucht gab als zu unserer Freundin Therese, der Malerin. Ihre Wohnung lag, eine kleine Stunde entfernt, am Waldrand und bestand eigentlich nur aus einem einzigen Raum. ... Diese [*Stube*] war dunkel getäfelt, die Decke von braunen Balken getragen, die nach und nach einen kupfrigen Schimmer angenommen hatten, und gemahnte mit ihrem Hauch von unstörbarem Arbeitsfrieden an dürerische Innenräume ...« Ungleiche Welten (II, 818/20)

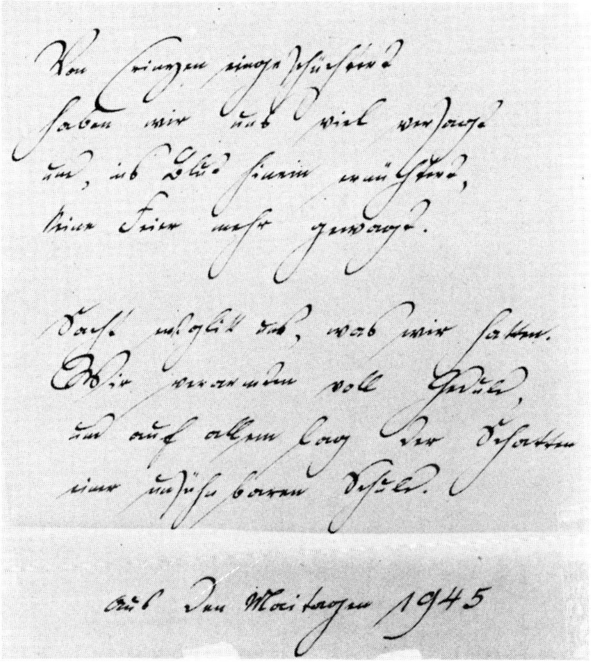

Von Erinnyen eingeschüchtert
haben wir uns viel versagt
und, ins Blut hinein ernüchtert,
keine Feier mehr gewagt.

Sacht entglitt uns, was wir hatten.
Wir verarmten voll Geduld,
und auf allem lag der Schatten
einer unsühnbaren Schuld.

aus den Maitagen 1945

240.

Von Erinnyen eingeschüchtert
Haben wir uns viel versagt
Und, ins Blut hinein ernüchtert,
Keine Feier mehr gewagt

Sacht entglitt uns, was wir hatten.
Wir verarmten voll Geduld,
Und auf allem lag der Schatten
Einer unsühnbaren Schuld.

»... die Gedanken wurden wirklichkeitsnäher. Ich schrieb einige kurze Strophen nieder, ein Zeitgedicht: Von Erinnyen eingeschüchtert...« Ungleiche Welten (II, 823)

*241. Albrecht Goes (*1908).*
Er hatte sich 1945 aus russisch besetztem Gebiet durchgeschlagen und war auf seinem Weg in die Heimat bei Carossa, mit dem er seit dem Jahre 1936 freundschaftlich verbunden war, eingekehrt.
»... die graublauen Augen stark leuchtend, aber nicht ganz ohne den Ausdruck der Verstörung, der uns so oft an Heimkehrern erschreckt hatte. Es war der Dichter Albrecht Goes ...«
Ungleiche Welten (II, 842)

Späte Jahre
(1945-1956)

242. Hans und Hedwig Carossa 1945/46

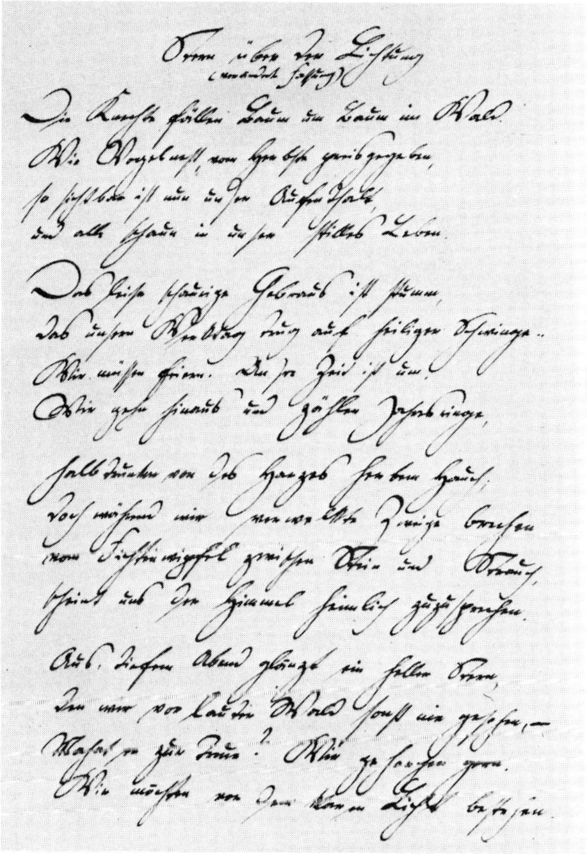

243. Abschrift des Gedichtes »Stern über der Lichtung« vom 17. Oktober 1941.

».. . Es war nur etwas mehr als ein Dutzend Gedichte, die damals zwischen den Trümmern eingestürzter Entwürfe reiften und später unter dem Titel ›Stern über der Lichtung‹ gedruckt wurden. . . «
Ungleiche Welten (II, 718/19)

HANS CAROSSA

AUFZEICHNUNGEN AUS ITALIEN

Das neue Buch des Dichters

IM INSEL-VERLAG

244. Titelseite der Erstausgabe

245. Carossa 1948

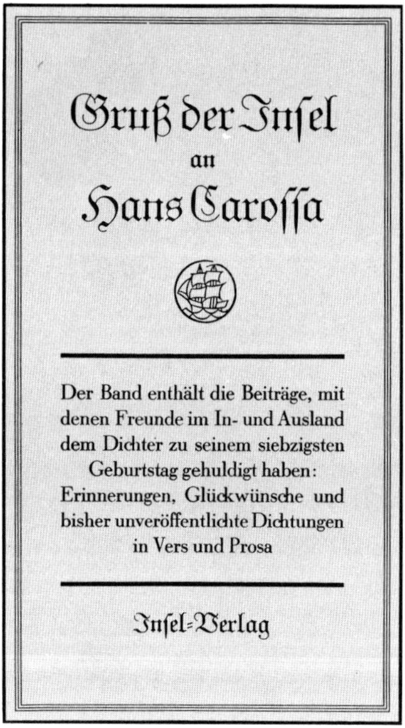

Gruß der Insel
an
Hans Carossa

Der Band enthält die Beiträge, mit denen Freunde im In- und Ausland dem Dichter zu seinem siebzigsten Geburtstag gehuldigt haben: Erinnerungen, Glückwünsche und bisher unveröffentlichte Dichtungen in Vers und Prosa

Insel-Verlag

246. Festschrift zu Carossas 70. Geburtstag mit Beiträgen von: Anton Kippenberg, Paul Alverdes, Rudolf Bach, J. Bithell, Hans Brandenburg, Dora Brandenburg-Polster, Felix Braun, Georg Britting, Anton Coolen, Ludwig Curtius, Willi Geiger, Albrecht Goes, Rudolf Hagelstange, Wilhelm Hausenstein, Bernt von Heiseler, Hermann Hesse, Gertrud von le Fort, Ivar Ljungerud, Eberhard Meckel, Alfred Kubin, Max Mell, Friedrich Michael, B. J. Morse, Josef Mühlberger, Ernst Penzoldt, Albrecht Schaeffer, Rudolf Alexander Schröder, Bettina Seipp, Karl Ludwig Skutsch, Herbert Steiner, W. E. Süskind, Regina Ullmann, Fritz Usinger, Alois Winklhofer.

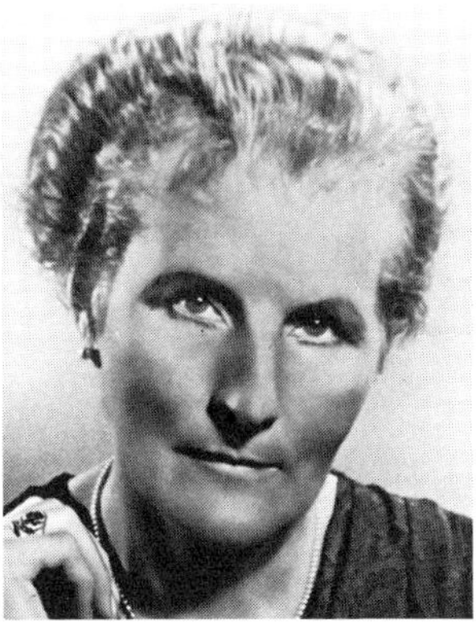

247. Anton und Katharina Kippenberg

248. Carossa 1948

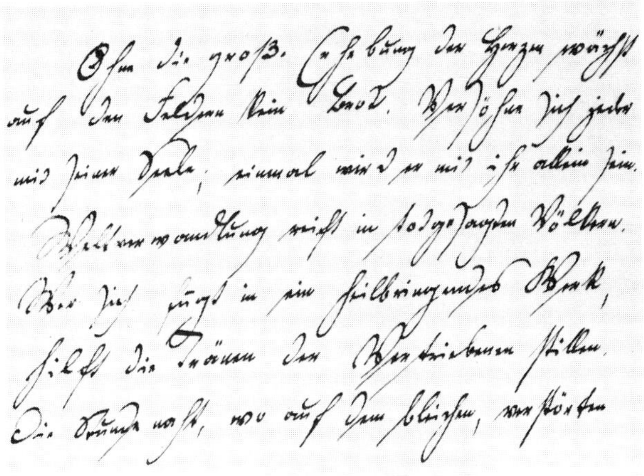
Ohne die große Erhebung der Herzen wächst
auf den Feldern kein Brot. Versöhne sich jeder
mit seiner Seele; einmal wird er mit ihr allein sein.
Wer sich fügt in ein heilbringendes Werk,
hilft die Tränen der Vertriebenen stillen.

249. Aus dem Schlußabsatz des Buches »Ungleiche Welten«. Druckvorlage

»... Ohne die große Erhebung der Herzen wächst auf den Feldern kein Brot. Versöhne sich jeder mit seiner Seele; einmal wird er mit ihr allein sein ...«

250. *Hans Carossas Arbeitszimmer in Rittsteig.*

251. Mit seiner Tochter Eva (1952)

252. Carossa bei der Feier, die von der Stadt München zu seinem 70. Geburtstag veranstaltet wurde.
Von rechts nach links: Carossa, Oberbürgermeister K. Scharnagl, Ernst Penzoldt und Hans Ludwig Held.

253. bei der Verleihung der Ehrendoktorwürde in der Aula der Münchner Universität am 8. Dezember 1948.

»... Warum die hohe Ehrung, die mir in dieser Stunde zu teil wird, für mich eine so besondere Bedeutung hat, warum sie mich so froh wie nachdenklich stimmt, das werden am ehesten die Altersgenossen begreifen, deren Lebensgang ein ähnlicher war wie der meinige. Man muß in altbayrischen Orten aufgewachsen sein, um den Zauber nachzufühlen, den der Begriff, ja schon der Name München auf unsereinen ausübte; man muß in schicksalsschwerer Zeit hier gelebt, gelernt und gewirkt haben, um zu verstehen, daß dieser Stadt kein Glück und kein Leid widerfahren kann, das man nicht als sein eigenes empfindet ...«

(Beginn der von Carossa gesprochenen Rede)

254. Herbert Steiner (1892-1966); von 1930 bis 1941 mit Martin Bodmer Herausgeber der Zeitschrift »Corona«, in der regelmäßig Vorabdrucke aus Carossas entstehenden Büchern erschienen.

»... das war aber eine große Freude endlich wieder Ihre (ganz unveränderte) Handschrift zu sehen, die mir im ersten Augenblick ein Gefühl eingab, als gäbs noch eine Corona und Sie bestätigten mir eine Sendung oder schlügen mir kleine Veränderungen vor...«
an Herbert Steiner, 12. April 1947

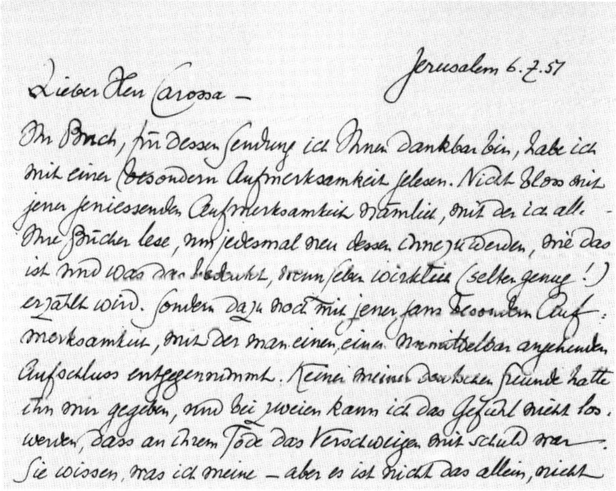

Jerusalem 6.7.57

Lieber Herr Carossa –

Ihr Buch, für dessen Sendung ich Ihnen dankbar bin, habe ich mit einer besondern Aufmerksamkeit gelesen. Nicht bloss mit jener geniessenden Aufmerksamkeit nämlich, mit der ich alle Ihre Bücher lese, um jedesmal neu dessen inne zu werden, wie das ist und was das bedeutet, wenn Leben wirklich (selten genug!) erzählt wird, sondern dazu noch mit jener ganz besondern Aufmerksamkeit, mit der man einen, einen unmittelbar angehenden Aufschluss entgegennimmt. Keiner meiner deutschen Freunde hatte ihn mir gegeben, und bei zweien kann ich das Gefühl nicht loswerden, dass an ihrem Tode das Verschweigen mit schuld war. Sie wissen, was ich meine – aber es ist nicht das allein, nicht

255. Martin (1878-1965) und Paula (1877-1958) Buber (1953, Hamburg), sie traten über ihren Schwiegersohn Ludwig Strauss 1950 mit Carossa in Verbindung und besuchten ihn 1951 zum ersten Mal in Rittsteig.

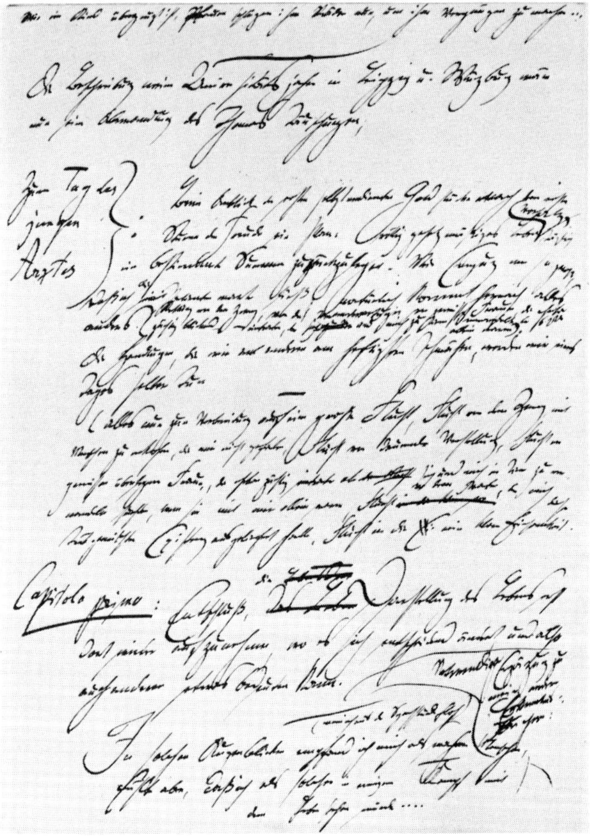

256. *Konzeptblatt zum »Tag des jungen Arztes« (etwa 1950)*

257. Carossa 1953

258. Carossa, April 1956 im Rittsteiger Garten.

259. Carossa im Gespräch, April 1956.

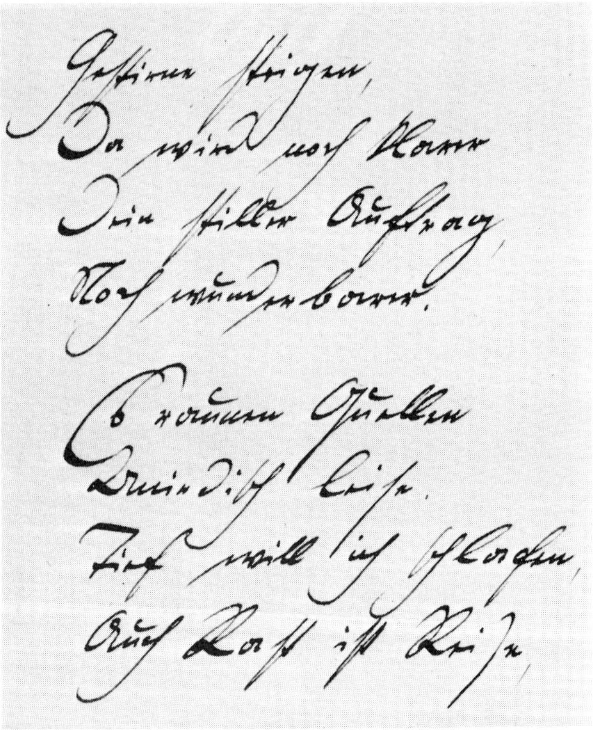
Gestirne steigen,
Da wird noch klarer
Dein stiller Auftrag,
Noch wunderbarer.

Es raunen Quellen
Unirdisch leise.
Tief will ich schlafen,
Auch Rast ist Reise,

260 Die beiden Strophen aus dem Gedicht »Der Bote«, die auf Carossas Grabstein stehen.

Gestirne steigen,
Da wird noch klarer
Dein stiller Auftrag,
Noch wunderbarer.

Es raunen Quellen
Unirdisch leise.
Tief will ich schlafen,
Auch Rast ist Reise,

261. Das Grab von Hans Carossa, der in den Morgenstunden des 12. September 1956 starb, auf dem Friedhof in Passau/Heining.

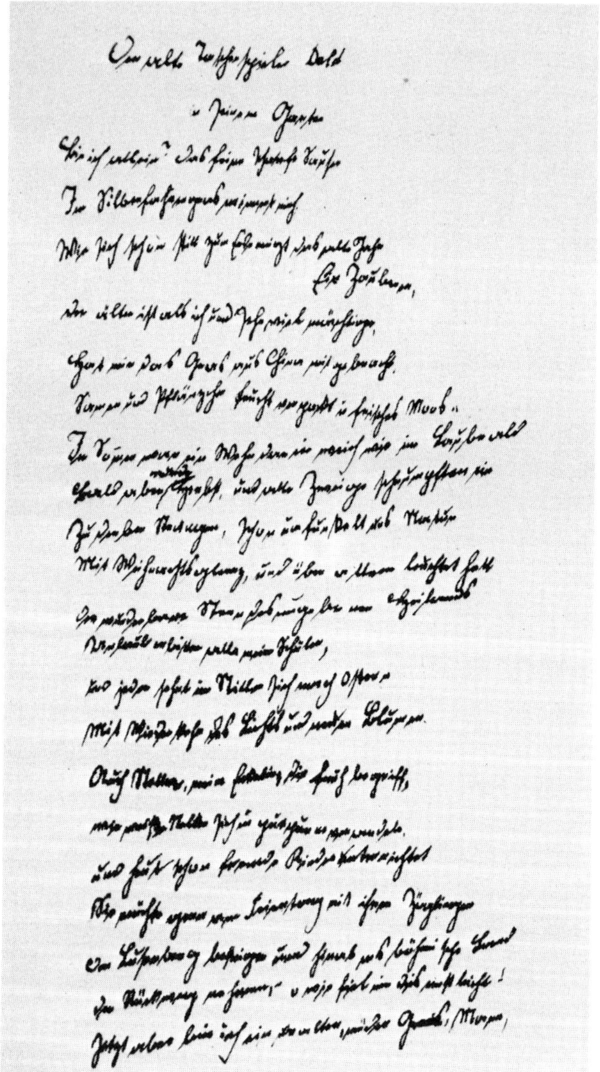

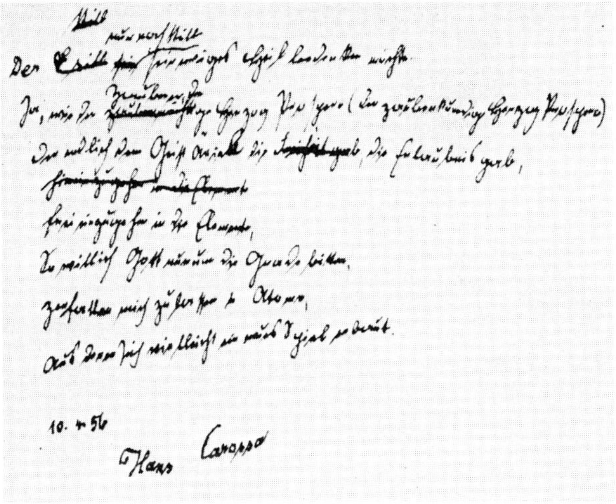

262. *Letzte Gedichthandschrift Carossas.*

Der alte Taschenspieler Dold
in seinem Garten

Bin ich allein? Das feine scharfe Sausen
Im Silberfahnengras erinnert mich,
Wie sich schon still zum Ende neigt das alte Jahr.
Ein Zauberer,
Der älter ist als ich und sehr viel mächtiger,
Hat mir das Gras aus China mitgebracht,
Samen und Pflänzchen feucht verpackt in frisches Moos...
Im Sommer war ein Wehn darin, weich wie im Laubwald,
Bald aber wurde Herbst, und alle Zweige schrumpften ein
Zu derben Strängen, schon umfunkelt uns Natur
Mit Weihnachtsglanz, und über allem leuchtet hell
Der wunderbare Stern des neugeborenen Heilands.
Urlaub erbitten alle meine Schüler,
Und jeder sehnt im Stillen sich nach Ostern
Mit Wiederkehr des Lichts und neuen Blumen.
Auch Stella, meine Enkelin, die früh begriff,
Wie weiße Nelken sich in purpurne verwandeln,
Und heut schon fremde Kinder unterrichtet,
Sie möchte gern am Feiertag mit ihren Zöglingen
Den Lusenberg besteigen und hinab ins böhmische Land
Den Rückweg nehmen, – o wie fiel mir dies einst leicht!
Jetzt aber bin ich ein uralter, müder Mann,
Der nur noch still sein ewiges Heil bedenken möchte...
Ja, wie der zauberkundige Herzog Prospero,
Der endlich dem Geist Ariel die Erlaubnis gab,
Frei einzugehen in die Elemente,
So will ich Gott nur um die Gnade bitten,
Zerfallen mich zu lassen in Atome,
Aus denen sich vielleicht ein neues Spiel erbaut.

10. 4. 1956. Hans Carossa

Nachbemerkung

Wie vielleicht bei kaum einem Dichter lassen sich Bilder und Dokumente aus dem Leben Hans Carossas leicht und annähernd lückenlos seinem weitgehend autobiographischen Werk zuordnen. Dabei wird zunächst die besondere Erlebnisweise und die Ausschließlichkeit deutlich, mit welcher das Leben von Jugend an mit dem entstehenden Werk verbunden ist. Beim Zusammenfügen der Bilder mit den Text-, Brief- oder Tagebuchstellen zeigte sich die Problematik einer solchen Dokumentation. Dem Leser wird immer wieder der »Rückschritt« aus der Welt des Gestalteten in den Bereich der ungeordneten und vielfältigen Bilder und Nachrichten aus dem Lebenslauf zugemutet. Oft scheint es, als sollte »die zarteste, geheimste Mischung von Traum und Erleben« (wie Hugo von Hofmannsthal einmal die Prosa Carossas charakterisiert hat) aufgelöst werden.

»... Symbole sind übrigens *alle* diese Figuren, auch der Erzählende selbst... ich will nicht ruhen, bis alles Persönliche, Stoffliche verschwunden und Sinnbild geworden ist...« schreibt Carossa im Zusammenhang mit den »Geheimnissen des reifen Lebens« und im selben Brief: »... ich nehme meine Züge wo ich sie finde, und es weben sich die entlegensten Dinge zusammen...«.

Und so möchte diese Dokumentation auch eine Vorstellung davon vermitteln, wie sich Erfahrenes zu einem dichterischen Werk verwandeln kann.

Die Sammlung der Bilder und Dokumente wäre ohne die freundliche Hilfe von vielen Seiten nicht zustande gekommen. Vor allem sei gedankt: Herrn Dr. Werner Volke (Deutsches Literatur-Archiv, Marbach), Herrn Dr. Karl Dachs (Bayerische Staatsbibliothek, München), Herrn Richard Lemp (Handschriftenabteilung der Stadtbibliothek, München) und Herrn Dr. Rolf Burmeister (Staats- und Universitätsbibliothek, Hamburg). Für freundschaftlichen Rat bin ich Bernhard Zeller und Rudolf Hirsch besonders dankbar.

Alle nicht mit Titeln versehenen Zitate stammen aus unveröffentlichten Schriften aus dem Nachlaß; bei Zitaten aus Tagebüchern ist die Zeitangabe in Klammern vermerkt.

Die römischen und arabischen Ziffern beziehen sich auf Band und Seitenzahl der Ausgaben der »Sämtlichen Werke« von 1962 und 1978.
Die Zahlen beziehen sich auf die Numerierung der Dokumente.

Eva Kampmann-Carossa

Bildnachweis

Schiller-Nationalmuseum/Deutsches Literatur-Archiv, Marbach 80, 82, 93, 106, 116, 118, 150, 169, 254
Bayer. Staatsbibliothek, München 237
Handschriftenabteilung der Stadtbibliothek München 46, 95, 148, 177
Monacensia-Abteilung der Stadtbibliothek München 49, 51
Stadt-Archiv München 44, 144, 196, 197, 236
Neue Pinakothek München 59
Dehmel-Archiv, Staats- u. Universitätsbibliothek Hamburg 50, 52, 53, 88
Universitäts-Archiv Heidelberg 204
Stadt-Archiv Bad Tölz 7
Foto Marburg 41
Contipress, Hamburg 255
Privatbesitz 56, 90, 139, 159, 199, 200, 214, 228, 234
alle übrigen Bilder u. Dokumente stammen aus dem Carossa-Archiv Rittsteig.

1878 Am 15. 12. – dem 3. Advent – wird Hans Carossa in Bad Tölz geboren. Sein Vater Karl Carossa (1854–1906), der von seinen Eltern zum Ordensgeistlichen bestimmt worden war, vor Ablegung der Gelübde aber das Kloster verlassen hatte, stand noch mitten in seiner medizinischen Ausbildung, die er selbst mit dem Unterrichten alter und neuer Sprachen finanzierte. Seine spätere Frau, die Lehrerin Maria Voggenreiter (1849–1910), hatte er um das Jahr 1877 in Sandbach bei Seestetten, wo er in den Semesterferien Aushilfeunterricht gab, kennengelernt. Die streng erzogene Tochter eines königl. Bezirksrates aus München durfte den Vater ihres Kindes erst nach dessen ärztlichem Abschlußexamen im Januar 1883 heiraten, und so mußte das Kind in seinen ersten Lebensjahren zeitweise bei Pflegeeltern untergebracht werden.

1883 Nach der Eheschließung eröffnet Karl Carossa seine erste ärztliche Praxis in Amerang bei Wasserburg; im Juni erhält er für seine Arbeit »Über Lungenschwindsucht« den Doktortitel »magna cum laude« und läßt sich bald darauf in Königsdorf bei Bad Tölz nieder.

1884 wird eine Tochter Stefanie geboren.

1886 Die Familie Carossa zieht nach Pilsting in Niederbayern; die kleine Schwester stirbt an perniziöser Anämie.

1887 wird eine zweite Tochter geboren, die wieder den Namen Stefanie erhält.

1888 C. wird nach Landshut auf das humanistische Gymnasium geschickt. Die ersten sechs Jahre lebt er als Zögling im geistlich geleiteten Internat, die letzten drei glücklicheren Schuljahre wohnt er in der Stadt bei dem »Pflegevater Professor Hilgärtner«.

1890 Den Eltern wird ein viertes Kind, Maria Magdalena, geboren, das nach 14 Tagen stirbt. Die Mutter erbt von ihrem unverheiratet gebliebenen Onkel, dem sogenannten »Lenzenbauer von Seestetten«, dessen landwirtschaftliches Anwesen, und etwa vom Jahr 1892 an verbringt die Familie ihre Ferien in dem alten Bauernhaus an der Donau.

1897 Im Sommer erhält C. sein Absolutionszeugnis, das u. a. die Bemerkung enthält: »... Er ist mehr aufmerksam als fleißig. Seine Antworten verraten gelegentlich einige Belesenheit. Von seinem dichterischen Berufe ist er fest überzeugt. Unter seinen Mitschülern spielt er eine gewisse Führerrolle ...«.
Der Vater, dessen Gesundheit angegriffen war, gibt die Praxis in Pilsting auf und zieht mit der Familie nach Seestetten. C. verbringt dort einen langen glücklichen Feriensommer. Freundschaft mit Amalie Danzer. Im Herbst beginnt er auf Wunsch der Eltern in München Medizin zu studieren.

1898 Sommerferien in Seestetten; als eine der ersten nicht anonymen Publikationen C.s erscheint ein Gedicht auf den Tod Bismarcks in der »Augsburger Abendzeitung«. Im Spätsommer erste Wanderung zu der Volksdichterin Emerenz Meier nach Waldkirchen im Bayerischen Wald.
Gedichte: »Stella Mystica«, »Und wie manche Nacht«, »Sternenlied«, »Im Elterngarten«.

1899 Im Sommer wieder Besuch in Waldkirchen. Zusammentreffen mit dem jungen Ehepaar Wolfskehl. Bekanntschaft mit einem – sich als Französin ausgebenden – Mädchen. Plan, das Studium in einer anderen Stadt fortzusetzen.

1900 Im Februar hört C. in München Richard Dehmel eigene sowie Gedichte A. Momberts vortragen. Nach 6 Semestern legt C. in München das sog. »Tentamen Physicum« ab und geht im Herbst zur Fortsetzung des Studiums nach Leipzig.
Gedicht: »Der Blinde«

1901/2 Im August 1901 große Fußwanderung durch Sachsen und Böhmen (Dresden, Chemnitz, Zschopau, Eger). Im Herbst für 2 Semester nach Würzburg. Im Winter liegt C. wochenlang mit hohem Fieber an Lungenspitzenkatarrh erkrankt in Seestetten; im April 1902 kehrt er nach Leipzig zurück. Der Vater, dessen Gesundheitszustand sich verschlechtert, drängt den Sohn, der sich »weniger denn je zum Arzt berufen fühlt«, zu raschem Abschluß des Studiums.

1903 Im ausgehenden Winter legt C. in Leipzig die verschiedenen Approbationsprüfungen ab und fährt anschließend nach Passau, um den erkrankten Vater in dessen neueingerichteter Praxis zu vertreten. Im Sommer Rückkehr nach Leipzig, um zu promovieren.
Gedicht: »Erlebnis«

1904 Bis zum Sommer 1904 versieht C. in Passau die Praxis des Vaters; in der ersten Julihälfte »flieht« er nach Dresden, um sich dort als »Spezialarzt für Herz- und Lungenkranke« niederzulassen. Ende des Jahres flackert sein »Lungenkatarrh« erneut – sehr heftig – auf.
Gedichte: »An die Natur«, »Begegnung«, »Ausblick«, »Barbaratag«

1905 Anfang des Jahres Rückkehr aus Dresden nach Seestetten »mit furchtbarem Fieber« und anschließend lange Krankheitswochen in Seestetten unter der ärztlichen Aufsicht des Vaters. Im April stirbt der Freund Hugo Mott.
Karl Carossa geht in seinem letzten Lebensjahr, bereits schwer krank, allein nach München, um sich dort als Arzt niederzulassen; der Sohn übernimmt von Mai an erneut dessen verwaiste Praxis in Passau.
Durch Heinrich Lautensack Kontakt zu den »Elf Scharfrichtern« in München.
C. wird zu der erkrankten Valerie Endlicher – seiner späteren Frau – gerufen. Erste Arbeit an dem Gedicht »Die Flucht«.
Gedichte: »Heimweg«, »Frühling«, »Morsche Scholle«, »Die Fremde auf meiner Bank«, »Himmel im Wasser«, »Blick beim Erwachen«, »Der Kranke«, »Dem Toten«

1906 Am 21. April Tod Karl Carossas. C. führt zunächst die Praxis weiter und versucht, die – u. a. auf der Verabreichung von Pilocarpin basierenden – Heilmethoden des Vaters weiterzuentwickeln. Im August und September Aufenthalt in München, wo Valerie Endlicher die Geburt ihres Kindes erwartet; am 20. Oktober Geburt des Sohnes Hans Wilhelm. Im November Besuch eines Vortrags von Richard Dehmel in München; C. läßt – ohne sich vorzustellen – einen Brief mit beigelegten Gedichten überreichen.

Gedichte: »Graue Stunde«, »An ein Kind«, »Nach banger Nacht«, »Erdgeist«, »Wald im Winter«, »Der Morgengang«

1907 Hugo von Hofmannsthal wendet sich – von Dehmel aufmerksam gemacht – an C. mit der Bitte, Gedichte für die Zeitschrift »Der Morgen« einzusenden. Im Sommer gibt C. die Passauer Praxis auf und geht nach Fürstenfeldbruck bei München. Er hofft dort seine ärztliche Tätigkeit eingeschränkt ausüben und seinen dichterischen Plänen mehr Zeit widmen zu können. Im November Eheschließung mit Valerie Endlicher. Umarbeitung einiger der an den »Morgen« gesandten Gedichte, nach Ratschlägen Hofmannsthals.

1908 Schon im zeitigen Frühjahr zwingt die Erkrankung der allein in Seestetten lebenden Mutter zur Rückkehr; C. zieht mit Frau und Kind in das alte Haus. Eine Landpraxis baut sich auf, und zeitweise werden täglich auch in Passau Patienten betreut. Im Mai Besuch bei Alfred Mombert in Heidelberg. Der Plan, nach München zu ziehen, muß wegen des sich verschlechternden Gesundheitszustandes der Mutter aufgegeben werden. Ein »Erster Versuch in Prosa« – wie der »Dr. Bürger« vorerst bezeichnet wird – »rückt sehr langsam fort«.

1909 Vorläufiger Abschluß der Prosa; C. läßt sie – entmutigt durch ein kritisches Urteil Dehmels – zunächst liegen. Ende des Jahres bietet er dem Insel-Verlag eine Sammlung seiner Gedichte an.
Gedichte: »Der Eisenwagen rollt«, »Die Nebel«

1910 Im April erscheint die erste Ausgabe der »Gesammelten Gedichte« im Insel-Verlag. Im Mai stirbt C.s Mutter. Erster Besuch bei Alfred Kubin in Zwickledt. Im ersten Frühjahr hatte C. eine Reise nach Nürnberg unternommen; die alte Stadt geht ihm »so in die Seele«, daß er während eines zweiten Besuches im Sommer dort »aus dem Stegreif« Zimmer mietet, um dann im Herbst mit Frau und Kind dorthin zu ziehen. Der kunstliebende Hopfenhändler Max Dietzel stellt sich vor; er kauft die »Gesammelten Gedichte« in zahlreichen Exemplaren und wirbt Leser. Er macht C. mit dem Werk Thomas

Manns bekannt und vermittelt den Kontakt zu Ernst Bertram. Arbeit an einer Reihe von Gedichten, die im folgenden Jahr vollendet werden.

1911 Anfang des Jahres erneutes Aufflackern der Lungenerkrankung und Rückkehr nach Seestetten. Im Frühsommer Reise an den Bodensee und in die Schweiz. Im Juli eröffnet C. in der Theresienstraße in Passau eine Praxis, die rasch wieder erdrückende Formen annimmt. Die Umarbeitung des Prosamanuskripts wird in Angriff genommen.

Gedichte: »An einen Schmetterling«, »Überm Gewitter«, »Gesang zur Sonne«, »Warum geben wir uns hin...«, »Todeshymne«, »Finsternisse fallen dichter...«, »Nicht in ödesten Gründen...«, »Hüte dein altes Geheimnis...«

1912 Die sich ausweitende Praxis wird von C. immer mehr als schwere Belastung empfunden. Im Sommer Rückkehr der heftigen Fieberanfälle. Intensive Arbeit an der Reinschrift des »Dr. Bürger« und Vorbereitung der 2. Auflage der »Gesammelten Gedichte«.

Gedichte: »Blasser Mond«, »Geist und Schmetterling am Ufer«, »Selige Gewißheit«

1913 Nach einer fieberhaften Erkrankung im April fährt C. zum erstenmal nach Italien (Verona, Florenz, Rom, Venedig). Dort empfängt er das erste Exemplar von »Doktor Bürgers Ende«. Nach der Rückkehr Ende Mai Umzug nach Seestetten; in Passau werden – diesmal endgültig – »die Zelte verbrannt«. Erneut Landpraxis und Patientenbesuche in Passau. Im Oktober erster Besuch bei Anton und Katharina Kippenberg in Leipzig. Dort lernt C. Franz Werfel kennen. Das »Fluchtgedicht« aus dem Jahr 1905 wird neu gestaltet. Erste Beschäftigung mit dem Stoff der »Kindheit«.

Gedichte: »Im Uferwald verborgen...«, »Die Ahnfrau«, »Heimliche Landschaft«

1914 Im April geht C. für etwa zwei Monate allein nach München; er lernt dort R. M. Rilke kennen. Im Sommer begibt er sich von Seestetten aus auf eine Reise, die ihn an den Bodensee, in die Schweiz und nach Italien führen soll, die aber in Meersburg wegen der Mobilma-

chung abgebrochen werden muß. Im Oktober zieht C. mit den Seinen nach München.
Intensive Arbeit an dem »Fluchtgedicht«.
Gedicht: »Alter Baum im Sonnenaufgang«

1915 Dank einer Bestimmung, die neu zugezogene Ärzte in München damals für zwei Jahre von der Kassenpraxis ausschloß, verfügt C. über mehr freie Zeit; er liest viel, besucht Museen, macht Ausflüge in die Umgebung und verkehrt in Künstlerkreisen. Zugleich muß er seine sich zunehmend verschlechternde finanzielle Lage erkennen. Anfang des Jahres »freiwilliges Ersuchen um einen ärztlichen Dienst bei der kämpfenden Truppe«; erst im August trifft der Gestellungsbefehl ein, sich Anfang September in Augsburg (wo zunächst eine militärische Ausbildung absolviert werden muß) einzufinden.
Erste Arbeit an einem weiteren »Traumgedicht« (später »Das Städtlein auf der Hand des Heiligen«) und Beschäftigung mit der Jugendgeschichte (schon damals wird der ganze Stoff – wenn auch nur in Umrissen – in der Vorstellung mit einbezogen), die C. als wichtigste der vor ihm liegenden Aufgaben erkennt.
Ermutigt durch Katharina Kippenberg, die C. in Augsburg besucht hatte, wird »Die Flucht« endgültig überarbeitet und zur Veröffentlichung vorbereitet.

1916 In Augsburg lernt C. Maria Demharter kennen. Im August erscheint »Die Flucht«. Anfang September Transport an die Front – zunächst nach Nordfrankreich – Mitte Oktober auf den östlichen Kriegsschauplatz.
Gedichte: »Leidenschaft«, »Ja, wir sind Widerhall«, »Unzugänglich schien der Gipfel«

1917 Bis Ende September bleibt C.s Einheit im Osten; einige Monate – in Ruhestellungen über dem Sultatal – werden als »friedensmäßig« empfunden; C. liest viel, arbeitet an der »Kindheit« und an einer Reihe von Gedichten. Von Mitte Oktober an wieder Einsatz an der Westfront; zunächst in der Schlacht von Flandern.
Gedichte: »Empfängnis«, »Fahrt«, »Das Städtlein auf der Hand des Heiligen«, »Rast«, »Näher qualmt die Schlacht...«

1918 Bis Mitte April Einsatz in Flandern und Nordfrankreich

– zunächst im Stellungskrieg – später in der Schlacht von Armentières; der Wunsch, »den Bereich des konzentrierten Todes« zu verlassen und zu den »begonnenen Schriften« zurückzukehren, wird immer stärker; auch in kurzen Kampfpausen Arbeit an der »Kindheit«. Am 14. April wird C. in Le Sart verwundet und kehrt nicht mehr an die Front zurück. Erste Behandlung der Wunde im Lazarett in Bad Kissingen, später ambulant in München; ab 15. August ist C. Lazarettarzt in Benediktbeuern – am 30. November wird er aus dem Militärdienst entlassen.
Gedichte: »Von Lust zu Lust«, »O verlerne die Zeit«, »Geheimnisse«, »Nymphenburg«

1919 Der Versuch, nach dem Kriege, weiter auf Kassenpraxis zu verzichten, muß aufgrund der sich verschlechternden wirtschaftlichen Lage Ende des Jahres aufgegeben werden; während dieses noch relativ ruhigen Jahres arbeitet C. die erste Fassung der Kindheitsgeschichte (»Vorspiele«) aus und sendet das Manuskript im Herbst an den Insel-Verlag, erbittet es aber zu neuer Überarbeitung nach einigen Wochen zurück. Zugleich rückt als neue Aufgabe ein »Siebenbürgisch rumänisches Tagebuch« in den Vordergrund. Eine Reihe der im Krieg entstandenen Gedichte wird endgültig ausgeformt und zu dem Cyklus »Ostern« zusammengestellt.
Gedichte: »Gruß«, »Mysterium der Liebe«, »Wo sind nun Rosen? Wo die Schwäne?«

1920/21 Die Jahre, in denen der Umfang der täglichen Münchner Kassenpraxis »seine innere Struktur nahezu auflöst« (wie C. es später ausdrückt), dauern bis zum Frühjahr 1925. Um an der »Kindheit« und am »Rumänischen Tagebuch« zu arbeiten, verläßt C. so oft wie möglich München; Seestetten, Göggingen, das Forsthaus des Schwagers im Allgäu und Wasserburg am Inn sind »Fluchtpunkte«. 1920 erscheint das Flugblatt »Ostern«. Im Sommer 1921 geht die »Kindheit« in »kürzerer, besserer Form« an den Verlag.

1922 C. besucht Fortbildungskurse für Ärzte an der Universität München. Im April erscheint »Eine Kindheit«.
Gedicht: »Zögert Sonne noch am Rande«

1923 Arbeit am »Rumänischen Tagebuch« und an der ersten Fassung des Gedichts »Der alte Taschenspieler«.
Gedichte: »Lebenslied«, »Der alte Brunnen«, »Früher Kind, jetzt nur noch Gast des Hauses«

1924 Ende des Jahres erscheint das »Rumänische Tagebuch«.

1925 Ein vom Insel-Verlag, zunächst für ein Jahr, gewährtes monatliches Fixum ermöglicht es C., für diese Zeit die Praxis zu schließen. Zunächst unternimmt er eine längere Reise »ins alte Deutschland« (Bamberg, Naumburg, Goslar, Hildesheim, Eisenach, Weimar, Leipzig); der Sommer wird in Seestetten verbracht; im Herbst geht C. – zum zweiten Mal in seinem Leben – für zwei Monate nach Italien (Verona, Viareggio, Pisa).
Beginn der Arbeit an den »Verwandlungen einer Jugend«.
Gedicht: »Das Mädchen von Dobrowlany«

1926 Auch nach Ablauf des »freien Jahres« kann C. in Zukunft auf Kassenpraxis verzichten und sich zudem jeweils länger von München entfernen. Im Januar spricht er anläßlich eines Mombert-Abends in München einführende Worte und trägt Gedichte Momberts vor.
Aus seinen eigenen Werken liest C. zum erstenmal auf einer größeren Vortragsreise (u. a. in Zürich und Lübeck).
Ende des Jahres lernt C. Hedwig Kerber – seine zweite Frau – kennen.
Prosa: »Die Traumversammelten«, »Zur Entstehung einer Jugendgeschichte«
Gedicht: »Träumerei«

1927 Für einige Sommermonate Übersiedlung mit der Familie nach Seestetten. Intensive Arbeit an den »Verwandlungen einer Jugend«. Das Manuskript geht Ende des Jahres an den Verlag.
Gedicht: »Ein Stern singt«

1928 Bis zur endgültigen Übersiedlung nach Seestetten im Sommer 1929 versieht C. die Münchner Praxis nur noch einige Monate im Jahr. Er widmet sich vorwiegend besonderen und schwierigen Fällen. Anfang des Jahres erscheinen »Die Verwandlungen einer Jugend«; C. erhält als erster den neu gestifteten Münchner Dichterpreis. Die Arbeit an einem sog. »Bekenntnisheft« (von den »Chemnitzer Bücherfreunden« erbeten) kommt zum Abschluß; das Manuskript wird zunächst »eingesiegelt«; es geht später in dem »Lebensgedenkbuch« »Führung und Geleit« auf. Im Spätherbst geht C. für zwei Monate nach Kiefersfelden; dort wird der erste Entwurf zum »Arzt Gion« niedergeschrieben. Im Dezember wird C. zu seinem 50. Geburtstag vom Insel-Verlag das »Buch des Dankes« überreicht.

Gedichte: »Was Einer ist, was Einer war«, »An eine Katze«, »Der alte Taschenspieler« (Teil I)

1929 Mai und Juni verbringt C. auf Sizilien und in Rom. Nach der Rückkehr Umzug nach Seestetten; auch dort suchen ihn immer mehr Patienten auf. Um ungestört arbeiten zu können (in diesem und in den beiden folgenden Jahren fast ausschließlich am »Arzt Gion«), hält sich C. nun öfter für Wochen in München auf.

Zum Gedenken an Hugo von Hofmannsthal erscheint im November-Heft der »Neuen Rundschau« die Prosa »Erinnerung«.

1930 Januar und Februar Vortragsreisen in der Schweiz und in Norddeutschland.

Im August wird Hedwig Kerbers und C.s Tochter Eva geboren. Im Herbst hält C. zur Eröffnung einer Kubin-Ausstellung in München eine Ansprache, deren wesentliche Teile später dem »Lebensgedenkbuch« eingefügt werden.

1931 Bis zum Herbst intensive Arbeit am »Arzt Gion« (von einigen kleineren Reisen abgesehen) in Seestetten und München. Die letzten Kapitel gehen Ende September an den Verlag; das Buch erscheint im November; zu gleicher Zeit erhält C. in Zürich den Gottfried-Keller-Preis; anschließend einige Tage zu Gast im Château de Muzot.

Gedicht: »Ausklang«

1932 Im Februar ist C. in Heidelberg zu Alfred Momberts 60. Geburtstag; im März in Weimar zur Feier von Goethes 100. Todestag. Vom 20. April bis Ende Juni Aufenthalt in Italien (Verona, Rom, Arezzo, Florenz); auf der

Rückreise erster Besuch bei Hermann Hesse in Montagnola. Arbeit an »Führung und Geleit«, erste Skizzen zu »Geheimnisse des reifen Lebens«.

1933 C. lehnt die Berufung in die preußische Dichter-Akademie ab. Bis Mitte September Arbeit an »Führung und Geleit«; das Buch erscheint Ende des Jahres. Von Anfang Oktober bis Mitte November Aufenthalt in Rom und Neapel.
Gedicht: »Via Appia«

1934 Im April entspricht C. der, ihm über den Insel-Verlag zugekommenen, Bitte, einer Hitler-Jugend-Gruppe in Berlin-Zehlendorf vorzulesen; wenige Wochen später empfängt er einige seiner Zuhörer in Seestetten, darunter ihren Sprecher Rudi Pallas (»... offenbar ein Geistesverwandter der Münchner Geschwister Scholl ...«, schreibt C. in »Ungleiche Welten«), der einige Jahre später in ein Konzentrationslager gesperrt wurde.
Ehe sich C., zunächst noch zögernd, ganz dem Stoff der »Geheimnisse des reifen Lebens« widmet, werden »dann und wann erste Szenen zum dritten Band der Jugendgeschichte ausgearbeitet«.

1935 Von Anfang Januar bis Mitte Februar in Italien (Rom, Nervi). Nach der Rückkehr schwere Erkrankung Hedwig Kerbers. Während des übrigen Jahres, von kleinen Unterbrechungen abgesehen, »auf eine fast quälende Art an die Arbeit [Geheimnisse des reifen Lebens] gebunden«.
Gedicht: »Ergänzungen«

1936 Anfang des Jahres »Worte über Goethe« (für die Magdeburger Goethegesellschaft), die später zu der Rede »Wirkungen Goethes in der Gegenwart« erweitert werden.
Im Oktober erscheinen die »Geheimnisse des reifen Lebens«. Ende des Jahres Versuch, sich der Jugendgeschichte zuzuwenden, aber zunächst »trotz mancher Pläne, das Gefühl zur Disposition gestellt zu sein«.

1937 Vortragsreisen (u. a. nach Paris und Wien); von Anfang Mai bis Mitte Juni Italien (Florenz, Rom,

Terracina). Die Arbeit am »Jahr der schönen Täuschungen« rückt in den Vordergrund.
Gedicht: »Lebenstag«

1938 In Weimar hält C. vor der Goethe-Gesellschaft seinen Vortrag »Wirkungen Goethes in der Gegenwart«; im August erhält er den Goethepreis der Stadt Frankfurt a. M. Im Herbst ein Monat Italien (Verona, Padua, Venedig, Ravenna, Florenz, Forte dei Marmi). Schwere Erkrankung Valerie Carossas. Italienische Tagebuchaufzeichnungen werden ausgearbeitet.
Zum 60. Geburtstag C.s kommen Anton und Katharina Kippenberg nach München und überreichen die Insel-Ausgabe der Manesse'schen Lieder-Handschrift und das Carossa gewidmete Weihnachtsheft des »Insel-schiff«.
Gedicht: »Der Acker der Zeit ...«

1939 Durch die Verleihung des Goethepreises wird die Aufmerksamkeit der Öffentlichkeit zunehmend auf C. gelenkt; wachsender Wunsch sich der »umstrickenden, vampirisch saugenden Zeit«, der »tödlichen Form des Ruhms« zu entziehen. Im Herbst einige Wochen Italien (Florenz, Sestri levante). Valerie Carossas Krankheit tritt in ein ernstes Stadium. Einzelne Gedichtentwürfe zu dem späteren Cyklus »Stern über der Lichtung« entstehen.

1940 Im Oktober Nachricht von Alfred Momberts Verschleppung. C. setzt sich in einem »eindringlichen« Brief an Goebbels für dessen Freilassung ein. Ende des Jahres geht »Das Jahr der schönen Täuschungen« an den Verlag.
Gedichte: »Im alten Hause beim Bahndamm«, »Schutzgeist«

1941 Im Frühsommer für einen Monat Aufenthalt in Italien (Rom und Florenz); während dieser Zeit erscheint »Das Jahr der schönen Täuschungen«. Im Juli stirbt Valerie Carossa. Im Herbst wird C. anläßlich des »Weimarer Dichtertreffens« die Präsidentschaft einer »Europäischen Schriftstellervereinigung« aufgedrängt.
Ende des Jahres übersiedelt C. nach Rittsteig in das neugebaute Haus Hedwig Kerbers. Neben der Arbeit an den

»Italienischen Aufzeichnungen« geht der »zögernde Versuch« einher, der Jugendgeschichte einen Schlußband hinzuzufügen.
Gedichte: Weitere Fortsetzung zu dem Gedicht »Der alte Taschenspieler«, »Stern über der Lichtung«

1942 Im Frühjahr Vortragsreise nach West-Deutschland und Luxemburg. Im Herbst geht C. für einige Wochen nach Rom und zieht sich anschließend auf die Insel Ischia zurück, um von dort aus sein Erscheinen bei der Tagung der europäischen Schriftsteller in Weimar abzusagen. Nach der Rückkehr Sanatoriumsaufenthalt in Bad Nauheim.
Gedichte: »März-Anfang«, »Worte zu einem antiken Grabrelief«, »Der kleine Leser«, »Der Geist des Lichtforschers spricht in einem Traumspiel«

1943 Im Juli Eheschließung mit Hedwig Kerber.
Gedichte: »In trüben Streifen ...«, »Vogelballade«, »Gartentag«, »Gestreift vom Todeswind«, »Abendländische Elegie«

1944 Im Frühjahr, anläßlich einer Vorlesung, Aufenthalt in Wien. Im Mai hält C. in Weimar die Rede zu Anton Kippenbergs 70. Geburtstag.
Im Oktober vergeblicher Versuch C.s, mit einem Brief an den S.D.-Chef Kaltenbrunner die Freilassung Peter Suhrkamps aus dem K.Z. zu erreichen.
Vom Sommer an erste Bemühungen, die verstreuten u. z. T. verschlüsselten Notizen aus den vergangenen 12 Jahren in Zusammenhängen aufzuzeichnen.

1945 Ende April beschwört C. in einem Brief den Passauer Oberbürgermeister, auf die Verteidigung der Stadt zu verzichten, und wird dafür durch einen vom Gauleiter beauftragten SS-Offizier in Abwesenheit zum Tode verurteilt. Anfang Mai besetzen amerikanische Truppen für einige Wochen das Rittsteiger Haus. Die Arbeit an einer Fortsetzung von »Führung und Geleit« (später »Ungleiche Welten«), »sine ira et studio, so gut ich es vermag«, tritt in den Vordergrund.
Gedichte: »Der volle Preis«, »Wolke und Blume«, »Fremde Welt«, »Erwachen aus einer Träumerei«, »Der Bote«

1946 In der Schweiz erscheint ein Teil der »Italienischen Aufzeichnungen«, bei Fritz Seifert in Hameln der Gedichtcyklus »Stern über der Lichtung«.
Gedicht: »Tagelang hab ich den Acker gepflügt...«

1947 Verschiedene Einladungen aus der Schweiz ermöglichen C. von Mitte Oktober bis Mitte November eine erste Auslandsreise nach dem Kriege.

1948 Anfang des Jahres erkennt C., der geglaubt hatte »Ungleiche Welten« im Laufe des Jahres abschließen zu können, die Notwendigkeit, dem »Bericht« eine »Erzählung« (›Ein Tag im Spätsommer 1947‹) hinzuzufügen. Von Anton Kippenberg erbetene Arbeit an einem Lebensbild Katharina Kippenbergs. Zu ihrem endgültigen Umfang ergänzt, erscheinen die »Italienischen Aufzeichnungen« im Insel-Verlag. Am 70. Geburtstag C.s überreicht Anton Kippenberg in Rittsteig die Festschrift »Gruß der Insel«.
Gedicht: »Heiliger Berg, du verwitterst...«

1949 Im Sommer mehrwöchiger Aufenthalt in Kampen auf Sylt. Im Herbst erscheint die erste Gesamtausgabe von C.s Werken im Insel-Verlag.

1950 C. kehrt zur Arbeit am Schlußband der Jugendgeschichte zurück, daneben werden die »Ungleichen Welten« erneut ins Reine und dabei umgeschrieben. Ende des Jahres geht das Buch, »das mich 6 Jahre in Atem gehalten hat«, an den Verlag.

1951 Ostern erscheint »Ungleiche Welten«; anschließend Vorlesungsreise in die Schweiz. Mai/Juni Italienaufenthalt (Florenz, Orvieto, Forte dei Marmi). Deutliches Nachlassen der Sehkraft, zunehmende Herzbeschwerden.
Gedichte: »Rauhes Land«, »Entwicklung einer Zinnie«

1952 Im Juni Aufenthalt in Zürich, im Herbst Italienreise (Ravenna, Assisi, Perugia, Florenz).

1953 Gesundheitliche Störungen behindern C. immer stärker, daher nur noch kleinere Reisen. Ernste Erkrankung Hedwig Carossas, von der sie sich nicht mehr erholt.

1954 Im Herbst wird die Jugendgeschichte abgeschlossen.

1955 »Der Tag des jungen Arztes« erscheint Anfang des Jahres.

1956 Am 22. Februar stirbt Hedwig Carossa. In den Morgenstunden des 12. September Tod Hans Carossas. Seine letzte Ruhestätte fand C. auf dem Friedhof Heining bei Passau.
Gedichte: »Gartentag im Vorfrühling«, »Der alte Taschenspieler Dold in seinem Garten«

Register

der auf Bildern und in Kommentaren erwähnten Personen

(Erwähnungen ohne Abbildung der Person bzw. in den Kommentaren kursiv; indirekte Erwähnung in Klammern)

Leben und Werk

Bertolt Brecht. Leben und Werk im Bild. it 406

Hans Carossa, Leben und Werk im Bild
Herausgegeben von Eva Kampmann-Carossa. it 348

Hermann Hesse. Leben und Werk im Bild
Von Volker Michels. Mit dem »Kurzgefaßten Lebenslauf« von Hermann Hesse. it 36

Hölderlin. Chronik seines Lebens mit ausgewählten Bildnissen
Herausgegeben von Adolf Beck. it 83
– Dokumente seines Lebens
Briefe, Tagebuchblätter, Aufzeichnungen. Herausgegeben von Hermann Hesse und Karl Isenberg. it 221

Ödön von Horváth. Leben und Werk in Daten und Bildern
Herausgegeben von Traugott Krischke und Hans F. Prokop. it 237

Gertrud von le Fort. Leben und Werk in Daten, Bildern und Zeugnissen. Von Gisbert Kranz. it 195

Novalis. Dokumente seines Lebens und Sterbens
Herausgegeben von H. Hesse und K. Isenberg. it 178

Rainer Maria Rilke. Leben und Werk im Bild
Mit einer biographischen Einführung und einer Zeittafel.
Von Ingeborg Schnack. it 35

Schiller. Leben und Werk in Daten und Bildern
Ausgewählt und erläutert von Bernhard Zeller und Walter Scheffler. it 226

Reinhold Schneider. Leben und Werk im Bild
In Selbstzeugnissen und Worten der Mitlebenden von Edwin Maria Landau, Maria van Look, Bruno Stephan Scherer. it 318

Biographien, Monographien

Lou Andreas-Salomé. Lebensrückblick
Grundriß einiger Lebenserinnerungen. Aus dem Nachlaß herausgegeben von Ernst Pfeiffer. it 54

Alban Berg. Leben und Werk in Daten und Bildern
Herausgegeben von Erich Alban Berg. it 194

Arnold Böcklin. Leben und Werk in Daten und Bildern
Herausgegeben von Lutz Tittel in Zusammenarbeit mit Wolfgang Grindenau, Roland Jaeger und Cornelius Steckner. it 284

Marian Brandys. Maria Walewska
Napoleons große Liebe. it 24

Chateaubriand. Das Leben des Abbé de Rancé
Herausgegeben und aus dem Französischen übersetzt von Emil Lerch. Mit einem Vorwort von Roland Barthes und zeitgenössischen Bildern. it 240

Jean Cocteau. Colette/Fernand Desoray. Cocteau
Zwei Reden aus Anlaß der Aufnahme von Jean Cocteau in die Académie Royale de Langue et de Littérature Françaises de Belgique. Herausgegeben von Edwin Maria Landau. it 306

Duff Cooper, Talleyrand
Aus dem Englischen übertragen von Karl Lerbs. Mit Bilddokumenten, einem Nachwort, einer Bibliographie und einer Zeittafel. it 397

Hölderlins Diotima Suzette Gontard
Herausgegeben von Adolf Beck. Mit zeitgenössischen Illustrationen. it 447

Adele Gundert. Marie Hesse
Ein Lebensbild in Briefen und Tagebüchern. Mit einem Essay von S. Greiner. Illustriert von Gunter Böhmer. it 261

Marie Luise Kaschnitz. Die Wahrheit, nicht der Traum
Das Leben des Malers Courbet. Mit acht Abbildungen. it 327

Justinus Kerner. Bilderbuch aus meiner Knabenzeit
Mit vielen zeitgenössischen Illustrationen. Herausgegeben und erläutert von Günter Häntzschel. it 338

Biographien, Monographien

Heinrich von Kleist. Geschichte meiner Seele
Das Lebenszeugnis der Briefe. Herausgegeben von Helmut Sembdner. it 281

– Leben und Werk im Bild
Herausgegeben von Eberhard Siebert. it 371

Max Klinger. Leben und Werk in Daten und Bildern
Herausgegeben von Stella Wega Mathieu. it 204

Michelangelo. Leben und Werk in Daten und Bildern
Herausgegeben von Harald Keller. it 148

Heinrich W. Petzet. Das Bildnis des Dichters. Rainer Maria Rilke/ Paula Becker-Modersohn
Eine Begegnung. Mit farbigen Abbildungen it 198

Ludwig Richter. Lebenserinnerungen
Mit Holzschnitten von Ludwig Richter. it 464

Philipp Otto Runge. Leben und Werk in Daten und Bildern
Herausgeber Stella Wega Mathieu. Mit farbigen Abbildungen it 316

George Sand. Geschichte meines Lebens
Aus ihrem autobiographischen Werk. Ausgewählt und mit einer Einleitung versehen von Renate Wiggershaus. it 313

Voltaire. Geschichte Karls XII.
Aus dem Französischen übersetzt von Theodora van der Mühll. Mit einem Nachwort von Carl J. Burckhardt und alten Illustrationen. it 317
– Leben und Werk in Daten und Bildern
Herausgegeben von Rudolf von Bitter. Voltaire 1694–1778 zum 200. Todestag. it 324

Richard Wagner. Leben und Werk in Daten und Bildern
Herausgegeben von Dietrich Mack und Egon Voss. it 334

Essays, betrachtende Prosa

Mein altes Zauberbuch
Herausgegeben und mit einem Nachwort versehen von Alexander Adrion. Mit Taschenspieler-Bildern aus der Sammlung Alexander Adrion. it 421

Alt-Kräuterbüchlein
Nach dem »New-Kreuterbüchlein« des Leonhart Fuchs. Herausgegeben von A. von Bernus. Nachwort von E. Mittler. it 456

Walter Benjamin. Aussichten
Illustrierte Aufsätze. Mit Abbildungen. it 256

Jean Anthèlme Brillat-Savarin. Physiologie des Geschmacks
Ausgewählt, übersetzt und eingeleitet von Emil Ludwig. Mit Holzschnitten der Ausgabe von 1864. it 423

Jean Cocteau. Colette/Fernand Desoray. Cocteau
Zwei Reden aus Anlaß der Aufnahme von Jean Cocteau in die Académie Royale de Langue et de Littérature Françaises de Belgique. Herausgegeben von Edwin Maria Landau. it 306

Christoph Columbus. Das Bordbuch.
it 476

Theodor Fontane. Wanderungen durch die Mark Brandenburg
Reisebilder. it 465

Manuel Gassers Köchel-Verzeichnis
Kulinarische Erinnerungen und Erfahrungen mit vielen seltenen Rezepten. Mit Illustrationen von Heinz Edelmann. Vierfarbendruck. it 96
– Die Küche meiner Tante Mélanie
Französische Hausmannskost von anno dazumal. Mit Illustrationen von Boris von Borodine. it 192

Johann Wolfgang Goethe. Dichtung und Wahrheit
Mit zeitgenössischen Illustrationen, ausgewählt von Jörn Göres. Drei Bände in Kassette. it 149/150/151
– Italienische Reise
Mit vierzig Zeichnungen des Autors. Herausgegeben und mit einem Nachwort von Christoph Michel. Zwei Bände. it 175

– Maximen und Reflexionen
Text der Ausgabe von 1907 mit den Erläuterungen und der Einleitung Max Heckers. Nachwort von Isabella Kuhn. it 200
– Reise-, Zerstreuungs- und Trostbüchlein
Herausgegeben von Christoph Michel. it 400
– Über die Deutschen
Erweiterte Ausgabe mit Illustrationen, einem Nachwort, Nachweisen und Register. Herausgegeben von Hans J. Weitz. it 325
– Goethes Letzte Schweizer Reise
Dargestellt von B. Schnyder-Seidel. Mit zeitgenössischen Abbildungen. it 375

Werner Helwig. Capri. Magische Insel
Mit Fotos von Benedikt Blatter, Herbert List und Werner Helwig. it 390

Hermann Hesse. Dank an Goethe
Betrachtungen, Rezensionen, Briefe. Mit einem Essay von Reso Karalaschwili. it 129
– Schmetterlinge
Betrachtungen, Erzählungen, Gedichte. Zusammengestellt und mit einem Nachwort versehen von Volker Michels. it 385

Erhart Kästner. Griechische Inseln
Mit einem Nachwort von Heinrich Gremmels. it 118
– Kreta
Aufzeichnungen aus dem Jahre 1943. Mit einem Nachwort von Heinrich Gremmels. it 117
– Die Lerchenschule
Aufzeichnungen von der Insel Delos. it 57
– Ölberge, Weinberge
Ein Griechenland-Buch. Mit Zeichnungen von Helmuth Kaulbach it 55
– Die Stundentrommel vom heiligen Berg Athos. it 56
it 117/118 in farbiger Kassette.
it 55/56/57 in farbiger Kassette.

London. Eine europäische Metropole in Texten und Bildern. Herausgegeben von Norbert Kohl. it 322

Louis Sébastien Mercier. Mein Bild von Paris
Mit 43 Wiedergaben nach zeitgenössischen Kupferstichen. Mit einem Nachwort von Jean Villain. it 374

Insel taschenbücher
Alphabetisches Verzeichnis